THE MARRIAGE BOOK

美满婚姻指南

[英] 李力奇 [英] 李希拉（Nicky & Sila Lee） 著

方 逸 译

上海文化出版社
SHANGHAI CULTURE PUBLISHING HOUSE

图书在版编目（CIP）数据

美满婚姻指南 / （英）李力奇，（英）李希拉著；方逸译. -- 上海：上海文化出版社，2024. 10. -- ISBN 978-7-5535-3079-6

Ⅰ．C913. 13

中国国家版本馆CIP数据核字第2024XB5608号

This translation of *The Marriage Book* is published by arrangement with Alpha International.

图字：09-2024-0363

出 版 人　姜逸青

责任编辑　王皎娇　董申琪

装帧设计　介　桑

书　　名　美满婚姻指南

作　　者　[英]李力奇　[英]李希拉

出　　版　上海世纪出版集团　上海文化出版社

地　　址　上海市闵行区号景路159弄A座3楼　201101

发　　行　上海文艺出版社发行中心

　　　　　上海市闵行区号景路159弄A座2楼　201101

印　　刷　环球东方（北京）印务有限公司

开　　本　880×1230　1/32

印　　张　8.75

版　　次　2024年11月第1版 2024年11月第1次印刷

书　　号　ISBN 978-7-5535-3079-6/G. 501

定　　价　59.80元

如发现本书有质量问题，影响阅读，请联系010-84831626。

目录

序 / 001

致谢 / 003

导言 / 005

第一部分 建立稳固根基

第一章 远 景 / 017

第二章 谋求成功 / 029

第二部分 沟通的艺术

第三章 如何更有效地交流 / 045

第四章 如何更有效聆听 / 057

第三部分 将爱付诸行动

第五章 爱的五种表达 / 073

第六章 话语和行为 / 083

第七章 时间、礼物和爱抚 / 093

第四部分 解决冲突

第八章 欣赏我们的不同点 / 105

第九章 就事论事 / 123

第十章 设置生活的中心 / 135

第五部分　饶恕的力量

　　　　第十一章　亲密感是如何失去的 / 145

　　　　第十二章　如何恢复亲密感 / 159

第六部分　父母和姻亲

　　　　第十三章　如何与父母和姻亲融洽相处 / 177

　　　　第十四章　如何脱离父母的控制 / 197

　　　　第十五章　如何处理童年期痛苦带来的影响 / 209

第七部分　亲密的夫妻生活

　　　　第十六章　保护我们的婚姻 / 223

　　　　第十七章　让性爱富有活力 / 233

附录

　　　　附录 1　婚姻，预备好了吗？ / 243

　　　　附录 2　订婚、性和蜜月 / 251

　　　　附录 3　作预算 / 261

　　　　附录 4　参考书目 / 269

序

Preface

在我们今天的社会中，婚姻备受非议。很多人觉得它是一种过时的制度。在英国，结婚率每年都呈下降趋势。那些已经进入婚姻的人则感觉婚姻愈来愈难以维持。离婚率的快速上升令人心忧。到底是哪里出了问题？我们为什么要结婚？如何才能让婚姻得以维系？

在本书中，力奇（Nicky）和希拉（Sila）将回答这些问题，向我们展示婚姻的价值和魅力。他们不仅会为我们如何维系婚姻提出建议，也将告诉我们如何在婚姻生活中最大限度地受益。

力奇三十多年来一直是我最亲密的朋友。小时候我们同上一所学校，大学时同住一屋。在很多事情上，他都先我一步，我只是竭力跟上他的脚步。比如：他1976年和希拉结婚，十八个月之后，我和皮帕也结婚了。我们的前三个孩子年龄都非常接近，他们后来又有了第四个。

力奇和希拉教会我们很多东西。特别值得一提的是，他们婚姻和家庭生活的榜样使我们获益匪浅。在他们的家庭中，我们观察到了一些让我们渴求的东西。

从1985年起，力奇和希拉开办了美满婚姻预备课程（The Marriage Preparation Course）；1996年起，他们又举办美满婚姻课程（The Marriage Course）。通过这些课程，许多人的婚姻变得更加美满。对有些夫妇而言，这些课程可以说是将他们从分居或是离婚的边缘拯救了回来。对另一些夫妇而言，这些课程将他们的婚姻从淡淡的白开水变成甘美无比的醇酒。这些课程为一些夫妇提供了论坛，使他们能够创造性地思考如何使婚姻变得更加完美。

当你阅读本书的时候，你可能会觉得力奇和希拉的婚姻"好得令人难以置信"。的确，在观察他们三十多年之后，我可以向你保证，这完全是真实的，并且它将鼓励我们也去追求那婚姻的佳境。

我真诚地希望，通过阅读这本书，能令更多的人享受到婚姻所结出的丰硕果实。

力奇·冈贝尔

致谢

Thank

感谢在这本书的出版过程中帮助过我们的朋友。他们花费很多宝贵的时间阅读书稿并提出修改和加添内容的建议。没有他们的努力，这本书也就无法成书了。在此，我要向约翰和戴安娜·克林斯（John and Diana Collins）夫妇以及桑迪和安妮特·米勒（Sandy and Annette Millar）夫妇表示特别的感谢，他们的教导和生活经验给了我们许多灵感和鼓励。也非常感谢那些将他们婚姻中所发生的故事与我们分享的夫妇，正是这些故事使我们的理论得以在日常体验中扎根。

感谢非利帕·皮尔森·迈尔斯（Philippa Pearson-Miles）、玛丽·埃利斯（Mary Ellis）和乔安娜·德斯蒙德（Joanna Desmond），他们快速、熟练、耐心地将书稿和无数的修改之处输入电脑。向查理·麦克斯（Charlie Mackesy）表示感谢，他给我们家庭和这本书带来了许多乐趣。向乔·戈兰（Jo Glen）道一声特别的感谢。若不是她在我们每次遇到困难时表现出来非凡的热情、幽默、想象力和新主意，这本书可能永远都无法完成。同时，也要感谢力奇·冈贝尔和皮帕（Nicky and Pippa Gumbel）

夫妇，不仅为着这么多年来的友情和给我们的鼓励，也为着他们说服我们开始这个项目。

最后，我们要感谢我们的父母，感谢他们对我们不变的爱，以及他们在婚姻上所做出的榜样。

力奇·李和希拉·李

导 言
Introduction

力奇的故事

　　我第一次注意到希拉是在斯旺西码头（Swansea Docks）。那时我刚离开学校，在前往爱尔兰西南部过暑假的途中，我们一见钟情。我们在不列颠群岛一个最美丽、未遭任何破坏的角落——西南科克区——度过了两个星期的假期，在度假小屋相邻而居。大部分时间，我都不敢相信她对我会有任何的感觉。在她离开的前两天，我终于鼓足勇气，将我对她的感觉告诉了她。令我大为惊讶的是，她居然对我也有同样的感觉，我简直无法相信。

　　希拉还在念书，还需要通过很多必修课。我离上大学还有九个月的时间。我意识到，如果我和她待在一起，她很可能一门都过不了。于是，我独自背包去了非洲旅行。非洲带给我的体验是全新的，那里的景色、人民和文化都令我倾倒。但是，在内心深处，我总是期望能够回到英国和希拉在一起。大部分时间我都感到很孤单，心中的盼望就是在亚的斯亚贝巴和开普敦等大都市能够收到希拉写给我的信件。在我到达南非以前，一切都很顺利。到了开普敦的时候，已经有六周多没收到希拉的信了，于是我所有的希望就是能在那里看到一封信，结果却发现除了妈妈的一封信，什么都没有。我都快绝望了。

我开始胡思乱想，要是希拉在我离开的时间里冷淡下来怎么办？要是那样的话，我就再也不想回英国了。在接下来的几周里，我每天都到邮局去看有没有信件。几周之后，我搭便车去了约翰内斯堡，那里是我这次旅行的最后一站，结果在那里看到一封等待了我四周之久的信。我欣喜若狂，立刻登上了最早的一趟班机飞回了家。

下飞机后，我马上去了希拉所在的寄宿学校。这个学校既像一座监狱，又像一个城堡：一方面将女生们关在里面，另一方面将男生们关在门外。不经意间，我们共度的美妙无比的三个小时过去了，结果希拉也被关在了校门外。在试图从窗户爬进去的过程中，她被校方发现，结果就在最后两周的校园生活里被关了禁闭。

我去上大学了。希拉离开学校，搬到了伦敦。这个时候，我开始听到一些人以一种对我而言全新的方式谈论信仰。随着时间推移，这些内容愈发显得有意义，也开始令我认真地思考生命的意义。但同时，我也刻意地与之保持距离，因为我和希拉的关系绝对是我生命中最重要的部分。

经过长达五个月的仔细研究后，我意识到自己已经到了一个关键时刻。我必须作一个决定了。于是，我向希拉提出了这个话题。她的反应非常热烈。听了各种观点之后，她接受了我全新的价值观。

这一改变非但没有将我们推开，反而似乎给我们的关系打开一扇门，让我能以一种从未了解的角度看待生活。我许许多多的生活就像一幅拼图里的许多小块一样：我的过去，和希拉的关系，学英语，上大学，等等。

忽然，所有的拼图块都找到了自己的位置。

1974年秋天，经过两年的约会以后，我们两个都觉得，如果我们要确定是不是应该与对方共度余生的话，就需要先分开一段时间。

于是，在十月初某个周一的清晨，我和希拉一同步行去了车站。我们约定在圣诞节前不再见面或通话。

那是一个美丽的秋日早晨。略带橙色的黎明曙光中挂着一层薄薄的云雾。希拉从火车车窗里向我挥手告别，我心里狐疑着自己还会不会再见到她。送走了她以后，我来到剑桥城内寂静无人的街道上，心中是从未有过的低落。我决定在那段时间不再去伦敦，因为在那里见不到希拉实在会让我心中生出难以承受的苦痛。

然而，就在一周以后，我和一些朋友回到母校去踢足球，返程的车中，载我同行的朋友对我说："希望你不介意，我们要经由伦敦回去，因为我得去家里拿一些东西。"我感到恐惧，但什么也没对他说，只希望他不会在家中待太久。要知道，希拉就住在伦敦的另一边。

那个朋友在肯色顿大街上把我们放了下来，扔下一句："我过四十分钟来接你们。"说完就走了。当时正下着雨，我们站在人行道上，想着该做些什么才好。正在这时，我抬头一看，五十码开外，在人行道上向我迎面走来的正是希拉。

我什么也没解释就甩开朋友们，向她狂奔而去。她也看见了我，向我跑来。我们俩张开双臂紧紧拥抱，我记得我抱着她转了一圈又一圈。接着，我朝朋友们大喊了一声："别等我了！"

我们去了一家咖啡馆，在那里聊了好几个小时。希拉告诉我，她当时坐在公共汽车上沿着肯色顿大街走，遇上交通堵塞，于是决定下车，想要步行最后的半英里回去。正是在那时，她看见了我。

像这样的偶遇只有百万分之一的几率，简直是奇迹。我们都觉得，在我们尽力想要避免见面的时候，竟然以这样一种超乎寻常的方式见面了，那么在未来的三个月我们一定能想清楚是否应该共度此生。我们又约定彼此不再见面，直到圣诞节。这一次分离的感觉就不一样了，虽然还有眼泪，但我们都很有信心。

分开的日子是难熬的，但是在这段时期结束时，我心中已经清清楚楚地知道，我要与希拉共度一生。1975年，我们又开始约会。我还有一年半的时间才能毕业，但是大部分的周末，希拉都会过来看我，因此这段时间有很多甜蜜的回忆。

1976年7月17日，在我大学毕业两周以后，我们在希拉的家乡苏格兰结婚了。

希拉的故事

我生长于苏格兰高地，有一个平凡而快乐的童年。我喜欢户外活动，也很顽皮。我认为自己的家乡是世界上最好的地方，这里唯一的缺点就是人口稀少。因此，当彭妮（我最好的校友）邀请我与她的家人和朋友到爱尔兰西南部去共度两个礼拜的暑假时，我迫不及待地接受了。当时我只有十七岁，脑子里从未想过这两个礼拜将改变我的一生。

我们必须坐渡船从斯旺西到科克去。斯旺西码头是我所知道的最没有意思的一个地方，我却在那里遇见了他。力奇开车跟上了我们的队伍。当他从一辆老式的绿色小车中走出来时，他向我微笑着——于是，我一见钟情。他戴着一顶很大的黑色毡帽（那时是七十年代），穿着牛仔裤和白色衬衫，深棕色的皮肤。他十八岁。我在心里说："他简直是太帅了！"

我们和一大群朋友一起度过了两周田园诗般的假期。我们一起乘船航行，一起游泳，一起捕捉鲭鱼，一起划船到海岛上，在午夜烧烤，也一起在星空下谈心直到凌晨。这两周时间，我深深地、疯狂地坠入爱河。但是，我一点都没有将心里的感受告诉彭妮，也不确定力奇是否也会这般地爱我。

在我启程回苏格兰家乡的前四十八个小时，我终于发现我们都坠入爱河。力奇第一次和我亲吻了！尽管只有十七岁，而且他也不是我所亲吻过的唯一一个男孩子，我记得那天晚上我躺在床上辗转难眠，心里头尽想着要嫁给他。虽然已经和他形影不离两个星期，但我感觉到若没有他，我真不知道自己余生的每一天将怎么度过。

接着，他去非洲旅行，需要六个月，这对于刚开始彼此了解的我们非常痛苦。学校里所有的朋友都告诉我，不要将希望寄托在这一关系上面：非洲那么远，六个月又是很长的一段时间，他可能会在旅途中遇见别的女孩。但是，随着一封封日益亲密的长信，我们的关系反而更加紧密了。虽然相隔数万英里，我们彼此之间的了解反而更多。

当我在电话中听到他的声音，知道他已经回来时，我的心跳似乎都停止了，那种强烈的感受简直让我透不过气来。经过那个晚上的重聚，当我们再度分开的时候，我们都很清楚，这段离别的日子让我们爱得更深了。

1973年秋天，力奇去上大学，我则去了伦敦。我白天学习打字，晚上去上绘画课程，好为申请艺术学院做准备。但是，我喜欢和力奇待在一起，也喜欢从他那里看到的大学生活，这使得我待在他学校的时间多过花在我自己学业上的时间。我们之间的关系变得亲密而狂热，甚至在某些方面，狂热到对我们不利的地步。

新年到来时，我被切尔西艺术学院（Chelsea Art College）招为秋季入学的新生。生活似乎处处都展现着新的机遇。1974年2月的一个晚上，力奇来伦敦看我，向我提到他的一些观念的改变，我的态度一如对他所建议的其他事物那样热情。其实，那时我对自己所谈论的并没有什么真正的认识，也不知道那将意味着什么。

一个周末，我去看他，他带我去听大卫·麦克因斯（David MacInnes）的演讲。我对大卫所讲的事情产生了浓厚的兴趣。我们和力奇最要好的朋友力奇·冈贝尔谈到了深夜，当时，他正对发生在我们身上的一切感到极度怀疑。

周六，我们又跑去听大卫·麦克因斯的演讲。这次演讲令我的视角彻底改变，为我们的关系开启了一种新的自由，是我从前所无法想象的。

全新的生活令人十分兴奋，力奇和我比以前更加亲密了。但是，八个月以后，我们都同时感觉到要暂时分开。这是我最经受考验的一段时期，甚至比从前力奇去非洲那段时间还考验人。

在三个月分离的日子里，我们都有所成长。当我们又见面时，我们已经不再一样了，共同的信念使我们的关系更加稳固。

1976年2月，力奇向我求婚了。当年7月，我们步入婚姻的殿堂，当时我二十一岁，他二十二岁。

力奇和希拉的故事

经历三十二年的婚姻生活，我们的故事可以从头道来。这些年间，我们曾经生活在日本、英国东北部和伦敦中部。我们共同经历了四个孩子的出生和一千多个不眠之夜。我们深深地体会到拥有四个八岁以下孩子的压力和喜悦，也知道教养十几岁青少年的复杂和烦恼。我们也共同经历过疾病和经济困难。

我们的经历与很多夫妇并无不同。我们过去一同驾车行驶三十万英里，谈了一万五千多个小时的天，也在同一张床上睡了一万多个夜晚。我们一同工作，一同娱乐，一同欢笑，一同哀哭。我们也曾因对方而感到挫败、恼怒、迷茫和狂喜，但我们仍然真挚地爱着对方，并且用心经营着我们的婚姻。

我们并不是在说我们的婚姻比别人的婚姻特别。事实上，教科书式的婚姻并不存在：没有毫无瑕疵的婚姻。每一对夫妇都是独特的，都有着自己的故事。那些完美的婚姻只是出于幸运吗？那些对婚姻感到失望的人纯粹是因为他们找错了结婚对象？经验告诉我们，建立一个稳固而幸福的婚姻是需要方法的：我们必须了解沟通的艺术以及如何让对方感觉到爱；我们必须学习如何解决冲突和操练饶恕。我们还发现，不能理所当然地认为亲密的性关系一定会带来快乐。

过去二十五年间，我们越来越多地去帮助别人解决婚姻问题。我们见过几百对夫妇，与他们一同面对各种各样的难题。从他们身上，也从自己的婚姻中，我们学习到：虽然维系婚姻关系并不总是那么容易，却可以产生丰厚的回报。结合这些经验、我们自己的研究以及相关人士所提供的建议，我们开发出两套与婚姻相关的课程：一套是婚前辅导课程，针对已经订婚的未婚夫妇，为期五周；另一套是美满婚姻课程，针对已婚夫妇，为期七周。已有成千上万对夫妇参加了这些课程。我们现在一年举办三次这样的课程。

我们之所以写这本书，是希望与大家分享是什么让我们比新婚时更加相爱。书中收录了我们或其他人婚姻中所发生的许多故事。许多事例看上去也许很琐碎，但恰恰是这些小事情决定着婚姻的成败。很多的主人公之所以友善地分享他们的经历，是因为他们希望能够鼓励其他人去忍耐、寻求并探索一个互动伙伴型的婚姻关系。（为了保密的缘故，在大多数的例子中，我们更换了主人公的名字）

下页中那个婚姻车轮的示意图概述了婚姻延续所必备的因素。本书的每个部分（美满婚姻课程的每一周）讲述了这个车轮的每一个部件。经验告诉我们，如果要让婚姻车轮不颠簸摇晃，特别是当道路崎岖难行时，那么车轮上任何一个部件都是不可或缺的。在第十章中我们将进一步论述。

车轮的边缘所代表的是委身，这是将各个部件连在一起的要素。有些人主张，现今应当抛弃白头到老的婚姻理想，合则聚，不和则散。那么，传统的婚姻观如今还有存在的价值吗？我们的回答非常响亮："是。"

我们认为，婚姻仍然是至关重要的，不仅对个人而言如此，它也是任何社会的基础。婚姻是家庭生活的基础，特别是通过对父母之间彼此委身的感受，孩子们能够学习到什么是委身和相爱的关系。在对孩子的教育中，没有什么比这个更加重要的了。孩子像大人一样，通过自己眼见所学的远远多过大人口头所教导的。一位父亲最近告诉我们说："我已经意识到，爱孩子的最好方式是通过爱我的妻子来表达。"

但是，婚姻不仅仅是为着孩子们。我们所有人心中都有一个深深的渴望，就是能够在情感、心灵和身体上向另一个人完全地敞开和托付。这样的亲密关系只有在有委身的关系中才能建立。只有当我们确切地知道自己不会被辜负的时候，我们才敢暴露那个最内在的自我。

婚姻是神圣的，在这一关系中，男女双方都将自己完全、彻底地交付给对方。在婚礼仪式中，宗教人士或长辈会祝福新人，宣告他们的结合。其实，令婚姻成立的乃是男女双方向对方所起的誓言。这誓言的每个字句都强调着这种终身的委身关系：

新郎：我（姓名），愿意娶你（姓名）作为我的妻子，从今天开始彼此拥有，互相扶持，无论顺境或是逆境，贫穷或是富裕，疾病或是健康，我都爱你、保护你，直到死亡将我们分开。

新娘：我（姓名），愿意嫁你（姓名）作为我的丈夫，从今天开始彼此拥有，互相扶持，无论顺境或是逆境，贫穷或是富裕，疾病或是健康，我都爱你、保护你，直到死亡将我们分开。

第一部分
建立稳固根基

SECTION 1
Building Strong Foundations

THE MARRIAGE BOOK

第一章　远景

Taking a long view

　　在我的旁边，正睡着一个女人。此时此刻，我一伸手就可以摸到她，易如摸到我自己。恍惚间，这仿佛像摸到高山或者月亮一样遥不可及，又好比在触摸一位睡在身边的天使一样不可思议（细想起来，她可能真的是一位天使）。每当思想至此，那种无法言喻的美好就在心中激荡，几乎要胀破我的心房，这时可能只有两种想法能安抚我：一个就是我曾在无数个清晨从这个女人身边醒来；再一个就是，在这个世界上，每一天都有无数的男人女人在醒来的时候彼此相偎相伴，数千年之久一直如此。

——麦克·梅森[1]

　　婚姻是一个独特的机会。借着婚姻，我们将自己生活的每一层面与另一个人分享。我们彼此承诺要一同经历人生的高山低谷；并且因着这些承诺，我们敢于将自己的一切向对方敞开。

　　在婚姻中，我们彼此相属、感受对方的痛苦、弥补各自的缺陷。我们因对方的长处而欢欣，也因对方的成功而雀跃。我们拥有了一个顾问、同伴、挚友——简而言之，一个一生之久的伙伴。如果我们能够足够耐心、足够友善、足够无私，我们将会发现彼此都是一个取之不尽的宝藏。

　　婚姻，给无数人带来无以言表的喜悦。在整个历史长河中，在世界各

1　麦克·梅森（Mike Mason），《婚姻的奥秘》（The Mystery of Marriage），（三角出版社，1997），第160页。

地，它被人们用各样的庆典和诗词、歌赋所颂扬。

婚姻是什么

所谓婚姻，就是二人彼此连合，成为一体，因此它是人类社会最为亲密的一种关系。也许有人会抗议说亲子关系比婚姻关系更为亲密，因为孩子的生命始于母亲。然而，一个健康的亲子关系必定会随着孩子离开父母的爱巢、成立自己的家室而变得越来越分离、越来越独立。婚姻关系则截然相反。原本陌生的两个人，彼此相遇，携手进入婚姻。他们所进入的这种关系，在最佳状态下，必是以日渐增加的互相依赖为特征的。

约翰·贝里在他的《携手人生》一书中描写了他与亡妻五十年的婚姻历程。当他年迈的妻子身患老年痴呆症时，是他自己一直在照看着她：

> 回想往事，我都很难面对现在的形单影只，过去我们总是一路相伴。……我所有与爱瑞斯相关的记忆就像是一件拉上拉链的衣服，又贴身又暖和，一直穿到此时此刻。清早，我将那台老式的手提式打字机放在床上开始工作时，她安安静静地睡在我旁边。她的存在似乎开始于很久以前，也将存续到永远一样。我知道以前的她一定与现在大不相同，但我却对过去的她并无真切的

记忆。[1]

这一共同成长的过程并不是自然而然的。大多数夫妻都带着很高的期望进入婚姻。当他们顶着婚礼上撒下的五彩碎纸、在夕阳的余晖中款款离去时，他们无法想象有一天他们可能不愿再相守相伴。未来的日子可能不同于最初的想象，却也有可能比想象的更美好。

丈夫和妻子都必须准备好营建他们的婚姻。这一过程中的每一阶段都会带来不同的挑战和机遇。刚开始，我们也许会在对方身上发现一些令我们震惊的事情，而这些事情在最初恋爱和约会的时候也许毫不起眼。

对于我和妻子而言，虽然我们在结婚之前就已经彼此认识有四年之久，但是进入婚姻以后，我们还是必须根据所出现的各种情况进行调整，这包括一些烦人的习惯、意外的举动，以及与自己迥异的价值观等。

婚姻的第一个功课便是必须按照丈夫或妻子的所是来接纳对方，而不要试图将他们改造成我们所期待的样子。这种彼此的接纳必须一直持续，因为时光的流逝会带来不可避免的变化。正如莎士比亚所言：

1　约翰·贝里（John Bayley），《爱瑞斯·美杜传》（Iris, A Memoir of Iris Murdoch），（达克沃斯出版社，1998），第57页。

> ……那种爱算不得爱,
>
> 若它望风使舵说变就变,
>
> 或发现人家见异思迁也就消失得无影踪
>
> ……爱不受时光愚弄,
>
> 虽朱唇红颜不免遭受时光之镰的摧残,
>
> 爱,绝不会随时光而瞬息万变……[1]

不管我们如何努力,都无法保持一成不变。我们的相貌会改变,不仅如此,我们的思想会日趋成熟,性格会发展,各种的环境也会变化。也许,最大的变化发生在孩子降生的时候。当然,不孕同样是一个巨大而令人痛苦的挑战和创伤。怀孕障碍会给婚姻带来沉重的压力,因此需要特别的耐心、爱心、支持与宽容。

孩子的出生会给父母带来巨大的喜悦,但也常常伴随着身体上的筋疲力尽。长成为青少年的孩子不仅给父母带来无限乐趣,也使我们有机会可以和他们建立友情,但这一时期通常会让父母的情绪像坐过山车那样起伏跌宕,疲倦不堪。最后,当孩子们搬出家门,我们也许会发现自己因人去楼空而伤心不已。

在养育孩子的这些年间,由于家里家外需要考虑的事情太多,我们会轻易地忽略自己的婚姻。毫无疑问,孩子们需要抚育,但婚姻也同样需要培育。如果一对夫妻能够持续不断地投资在彼此的关系上,并且在家庭生活的各种压力中彼此扶持,那么,婚姻的最后二十五年将给他们带来最大的满足。

最近,我们的一位朋友向父母询问他们的婚姻。当时,她的爸爸转身

---

1 引文取自斯坦利·威尔士(Stanley Wells)编辑的《莎士比亚十四行诗和一个爱人的怨诉》(*Shakespeare's Sonnets and a Lover's Complaint*),第116首十四行诗,第130页。

对她妈妈说："我想，我们拥有一个非常美好的婚姻，有绝佳的经历，也有艰难的时期。"二人都觉得，最困难的阶段就是在他们三十多岁的那段时间，那时孩子们尚且年幼，经济紧张，工作压力大。但是随着孩子们越来越独立（虽然还是他们生活的一大部分），压力渐渐减轻，他们重新有时间和机会去全新地发现对方。

弗兰克·穆尔在他的自传中描述了他与玻莉漫长婚姻的最后一阶段对他的意义：

> 当哥哥查斯和我到了十几岁时，奶奶决定送给我们每个人一个图章戒指。我很讨厌佩戴珠宝，所以她就给了我别的东西。

> 在我和玻莉结婚四十七周年即将到来时，玻莉问我想不想要什么礼物留作纪念。忽然间，我就想到要点什么礼物。我对她说："我可不可以要一枚婚戒？"

> 玻莉感到大为惊讶。她说："可以，但是你得告诉我为什么在这么多年后，你会突然想要一枚婚戒。"

> "好吧，让我先想想清楚……"我半开玩笑半认真地对她说，虽然这种口吻不太适合这一浪漫时刻，不过也给了我时间思想……

> 我发现自己无法想象没有玻莉的生活会是什么样子。她就好像是我的那第五条肋骨，或者是我在柏拉图称为"对完整的欲望和追求"过程中所寻找到的"另一半"。对我而言，这对"另一半"的寻找过程是一个奇妙而且成功的历程。

> 我之所以想要一枚婚戒，是因为这象征着我与玻莉的幸福婚姻。现在我在家工作，她可能正在厨房，弯腰在水果筐里拣白醋栗，边拣边温柔地说着什么；或者正在楼上为孙女修改裙子，

虽然看不见她，但只要想到她就在我身边，就会令我感到幸福不已。

我的快乐就是知道她在我身边。[1]

为何有些婚姻会运转失灵

让人感到悲哀的是，今天有许多婚姻却未能经验到这种亲密。对有些人而言，经过最初的几年之后，一种疏离感渐渐滋生，以至于二人不再貌合神离。这有可能发生在孩子们年幼而且缠人的时候，或是在孩子们刚离开家的时候。在后一种情况下，夫妻可能会发现彼此无话可说，因而以离婚告终。他们甚至可能会认为一开始就不该结婚。

我们成长在一个浪漫神话之中：灰姑娘幸运地遇见了她的白马王子，二人永远幸福地生活在一起。一旦发生摩擦或者失恋，那么根据这一神话，我们就是娶错或者嫁错了人，因此也就注定了永远生活在不幸之中或者以离婚收场。这一说法也在无数的爱情歌曲和电影书籍中被一再强调。在这一普遍流行的危险神话背后，是一种认为真爱可遇而不可求、我们无法掌控或者几乎无能为力的思想。

有时候，这种观点在舆论眼中似乎是无可辩驳的。《卫报》最近刊登的一篇文章就宣称，只有某些"幸运儿"才能将亲密的婚姻关系维持在二十年或者更久，但是，一般也就维持四年左右。一旦你失去了它，那么"世界上再无任何东西能重燃这一魔幻火花……不管你有无感觉，这就是结局"。这篇文章又堂而皇之地安慰道："令爱情火花死灰复燃的唯一方法就是换个人选。"[2]

---

1 弗兰克·穆尔（Frank Muir），《肯特州少年》（A Kentish Lad），（柯基出版社，1997），第404—405页。
2 《卫报》（The Guardian），1998年10月24日，第3页。

但是，任何一个拥有数年稳定婚姻的人都会认为，关系需要努力去建造。要想双方彼此紧密联结，所需要的远不仅是一些浪漫的感觉，而是每一天的选择。有时候，夫妻双方必须就一些敏感话题进行沟通；而有时候，则必须约束自己对另一个男人或女人的吸引。浪漫感觉也许会消失一段时间，但当它们再次回来时，就会上升到一个更深、更丰富的层次。对于那些并没有把婚姻誓约中那句"无论顺境或是逆境"用在自己身上的夫妻，他们注定会遭遇令人惊讶或是失败的婚姻结局。

婚姻的解体常常是多年来夫妻双方逐渐彼此分离的结果。这首名为《墙》的匿名诗所描述的便是如此：

> 桌上的那张婚礼照片正嘲笑着，
>
> 这两个生活不再相交的人，
>
> 他们给爱设置了坚固障碍，
>
> 再强烈的言语或触摸都无法攻破。
>
> 在第一个孩子长出第一颗乳牙
>
> 与小女儿的毕业典礼之间，
>
> 他们迷失了彼此。
>
> 这些年间，他们各自慢慢地
>
> 将那名叫自我的线球揭开，
>
> 这线球的细线缠绕纠结，
>
> 他们在死结中挣扎，
>
> 各自向对方隐藏。
>
> 有时她在夜间哭泣，

祈求黑夜能窃窃告诉她自己是谁。
躺在身边的他就像一头正在冬眠的熊，
在深沉的鼾声中对她的冬天一无所觉。

曾有一次，当他们亲热之后，
他想告诉她自己多么惧怕死亡，
却害怕呈现出自己赤裸的灵魂，
于是转去夸赞她美丽的双乳。

她去修了一门现代艺术，
想要从油布的浓墨重彩中找到自我，
又在别的女人中间，
抱怨着男人们的麻木不仁。

他爬进了那称为办公室的坟墓，
用重重的数据将自己包裹，
在客户中将自己埋葬。

渐渐地，他们之间的那道高墙，
被那称为冷漠的灰泥加固。
有一天，当他们伸手去抚摸彼此，
却发现中间已有一道穿不透的屏障。
那石头的冰冷令他们犹豫，
各自从另一边的陌生人面前退缩。

爱的渐渐死亡，

不是因为一场愤怒的战役，

也不是因为身体的火焰冷却。

在那一道无法逾越的高墙下，

它张口气喘，力气耗尽。[1]

很多婚姻之所以破裂，并不是因为夫妻双方彼此不合，而是因为丈夫和妻子从不曾知道，要让婚姻关系正常运转需要付出哪些努力。在我们的社会中，那些在婚姻关系上给孩子们做出良好榜样的父母也越来越少。

我们生活在一个消费时代，这一时代的人们不习惯修理东西。要是某件东西出了问题，直接购买一个新的比维修旧的更为方便和便宜。咄咄逼人的广告业不断鼓动我们去关注那些自己不曾拥有的事物，而不是为已经拥有的东西感恩。这导致我们日益期望自己的各种欲望尽快得到满足，这一情况正像是一个信用卡的广告语——"将等待从期待中驱逐出局"。这些都在不断怂恿我们，要让我们相信，满足感并不是来自于努力得来的事物，而是来自于尽可能不劳而获的事物。

社会学家和畅销书作者——阿尔温·托夫勒（Alvin Toffler）曾经如此写道：今日的人们都有一种"用之即弃的心态"。他们不仅有用之即扔的产品，而且还有用之即弃的朋友。正是这种心态导致了用之即弃型婚姻的产生。[2]

今天，许多人看待婚姻就像是一个临时合同，持续时间长短全在乎彼此之间的爱情何时冷却。我们的文化强调个人自由。如果一个关系不能令

1　引自萨姆·汤普森（Sam Thompson）的录音带《婚姻中的交流》(*Communion in Marriage*)，第二盒第二部分。

2　引自萨尔温·休斯（Selwyn Hughes）所著的《上帝所设定的婚姻》(*Marriage as God Intended*)，（金斯威出版社，1983）。

个人感到满足，那么最好的办法就是解除。如果婚姻中不再有爱，那么最好将它结束。

但是我们发现，作为一个社会，这些后果并不是那么轻易就能抹去的。婚姻纽带的一体性意味着两个人无法被干干净净、毫无痛苦地区分开来。就好像如果将两张纸粘在一起，它们就成为一体，绝对无法在不损害彼此的情况下将它们分开。

在最近一次采访中，演员迈克尔·凯恩（Michael Caine）谈及他第一次婚姻的破裂。当时他极度缺钱，他的妻子帕翠莎因此试图说服他放弃演戏。"他非但没有放弃自己的梦想，反而选择了离开。"现在，他说，假如他当时知道这会带来怎样的痛苦，"我一定会不计任何代价地留下来。如果我当时和帕翠莎一样坚强，我们的婚姻也许就能维持……"。[1] 迈克尔·凯恩说得对，婚姻的确可以维持，但这需要夫妻双方审慎的、毅然决然的行动。

有两年多的时间，我们住在伦敦最大的住宅开发区的隔壁，相隔仅仅十英尺之遥。在这一切的喧嚣和尘埃中，我们也得以从卧室的窗口一窥建筑施工的每个阶段。我们亲眼看到地平面以下那坚实而彻底的工作。有几个月的时间，四台打桩机打造了两百多个填满混凝土的洞来为建筑提供扎实的根基。然后——也只有在那之后，这幢令人印象深刻的大楼才开始建起来。

如果我们想要建立一个稳固的婚姻，就需要立下坚实稳固的根基。这样做需要花时间，也很可能会产生尘埃和噪声。有时候，进展似乎缓慢得令人痛苦。全新的沟通方式需要开发，敏感或争议性的话题需要讨论，饶恕需要变成一种习惯。

---

1 《每日邮报》周末版（*The Daily Mail Weekend*），1999年1月9日，《与琳达·李·波特的面谈》（Interview with Lynda Lee-Potter）。

对那些结婚多年的夫妇而言，也许某部分根基需要及时加固。最近，我们听说伦敦北部有一座爱德华国王时代的房子正在进行一些改造。两周后，有一个建筑工人单独待在房子里，他忽然感觉到房子底层发生震动，于是急忙从后门逃了出去。正逃的时候，整座房子突然倒塌，成为废墟。在我们周围，有些婚姻已经崩溃了。但我们也知道有一些婚姻不仅从不幸的边缘被挽回过来，而且还进入了一种全新的爱和委身的体验。

婚姻，就像房屋一样需要维护，需要偶尔进行小小的（甚至大动干戈的）维修。但是在家庭和婚姻这两方面，都存在着无限的机会可以去创造、去做一些不同的事情，或者去稍稍地变动一下各个事物的位子。婚姻可以变得停滞而令双方觉得被束缚、无聊，也可以因为创造性和首创精神而繁荣。

任何一对夫妇，若想要关系更加亲密，就必须在婚姻中**积极主动**。常常，我们只是**被动地反应**。我们对彼此的行为或者言论消极地进行反应。事情出了差错就责怪对方，自己受到伤害就采取报复。

这本书是为了建立稳固婚姻而提供的一个工具箱。每一章节都提供了一件不同的工具，你可以以此来塑造、修补、维护或者修理你们的关系。我们相信，即使只使用其中一件工具，也会让你看到改善。

我们希望，在阅读和讨论以下章节内容的时候，你们能够发现自己可以更加从容地对婚姻进行共同探讨。有些人将会发现自己的丈夫或妻子身上有一些美妙的地方是之前从未察觉到的，有些人将会找到婚姻中有哪些方面需要特别关注。书中有一些内容需要在生活中应用，一开始你们可能会感到有些不太自然，但根据我们的自身经验，我们确信，只要有耐心，它们就可以变成关系中一个正常且又自然的部分。

专门回复读者专栏来信的克莱尔·雷纳讲到自己与丈夫德斯蒙德的婚姻时，如此说：

　　到今年，我们的婚姻已经度过了四十三个年头。这不是偶然，也不是幸运。在婚姻中你越是努力经营，就会变得越发幸运。我们已经成为一体，不再是两个独立的个体。我们在一起很开心，超过了我们独自相处的开心 。我仍然迷恋着他，感谢上帝，我想他也仍迷恋着我。[1]

1　《泰晤士报》(*The Times*)，2000年2月15日，《与希利亚·贝雷菲德的面谈》(Interview with Celia Brayfield)。

第二章　谋求成功

Planning to succeed

时间在飞逝，不可挽回地飞逝。

——维吉尔[1]

我们必须将时间视为一个工具，而不是一张长沙发椅。

——约翰·菲茨杰拉德·肯尼迪[2]

第一次向我们询问关于婚姻关系的建议的那对夫妇，我们至今仍记忆犹新。当时，这对夫妇已经结婚十六年，有两个小孩。丈夫是一个成功的商人，正处在事业的顶峰。在绝望中他打电话过来，说他的妻子要离开他。过后，他们一起来到我们家，看上去有点儿尴尬。开门时，我们也觉得有点儿尴尬，不知道自己是否能够提供一些有益的建议。

于是，我们问他们哪里出了问题。他们二人开始清楚地描述过去岁月里所发生的事情，但各自的版本不同。而且，彼此都不让对方说完一句完整的话。十分钟后，我们清楚地发现，比起回答我们的问题来，他们二人更热衷于互相攻击。他们的婚姻看上去就像是一团死死纠缠的线球，与其耐心地去解开每一个结，还不如丢掉它再买个新的来得容易。令人欣慰的是，他们都愿意尝试继续待在一起。

1　维吉尔（Virgil），《农事诗集》第三册，29BC（*Georgics*）。
2　约翰·菲茨杰拉德·肯尼迪（John Fitzgerald Kennedy），《观察家》（*The Observer*），1961年12月10日。

我们看出来，如果要让他们的婚姻起死回生，就必须要发生两个改变。第一，他们需要花更多的时间在一起。第二，他们需要更有效地利用这段在一起的时间。因此，我们十分谨慎、试探性地建议，他们每天要抽出三十分钟的时间来用于彼此交谈，并且互相都要允许对方就自己的感受说上五分钟的话而不打断。同时，我们也鼓励他们每周花一个晚上的时间一起外出约会，就像他们结婚之前那样。

两周以后，我们开门所看到的是两个截然不同的人。他们已经开始走上了互相了解的旅程。当一对夫妇愿意从被动回应转变成积极主动、当他们愿意单单为对方抽出时间来的时候，婚姻就可以有这样的改变，这一切实在让我们兴奋不已。

共度美好时光

剥夺婚姻中一起相处的时间就相当于剥夺一个人的空气或者一株植物的水分一样。有些植物也许能生存得更久，但最终都会枯萎、死亡。

关爱家庭慈善机构的执行理事罗布·帕森斯如此描述他所称的"巨大的幻想"：

在生活中你可以同时做好几项事情，但你却无法让它们百分之百地良好运行而不需要有人为此付上代价……我们总有许多理由。一个主要理由就是我们会说服自己，那稍微空闲的一天即将到来。我们对自己说："等到把房子装修好以后，等我获得晋升以后，等我通过这些考试以后——然后我就会有更多的时间。"所以，每次我们只能说："亲爱的，现在不行……"我们对自己说，没关系的，因为有空的那天很快就到了。最好在此时此刻，我们就意识到，那个所谓有空的一天不过是一个幻想——它永远不会到来。不管情况如何，我们总是有潜力来填满我们的时间。这也是为什么我们必须为那些自己所认为重要的事情来创造时间，而且必须是现在。[1]

安娜·默多克将她和鲁波特之间的婚姻破裂归结为彼此给予的时间太少。1988年，当她的第二部小说《家族生意》出版的时候，在一次采访中，她如此论及自己的写作："我需要做一些事情来打发我的时间。我的丈夫的时间几乎排满了，孩子们也不再那么需要我。写作是为了填补我的孤独。"默多克夫妇的一个朋友如此评论道："我相信，安娜已经受够了她丈夫的勤奋工作，她其实是在说，'我不想这样度过我们余下的婚姻生活'。我认为，她在努力使她的丈夫慢下来……鲁波特完全地投身在工作上。如果你在处理美国、英国、远东和澳大利亚等地的事务，这可能意味着你总是在打电话。"[2]

1999年，在接受他的传记作者威廉·肖克劳斯（William Shawcross）的采访中，当被问及婚姻为何破裂时，鲁波特·默多克本人也给出了相似的理由：

> 我常常在出差，也非常迷恋做生意。对家庭我比别人更缺乏体谅，当有一天，孩子们都长大成人了，家庭忽然空荡荡地像一个鸟巢，我们的家突然变成了两个人的窝，而我们之间已经没有了共同的兴趣，因为我把自己所有的兴趣都留在了世界。这就是我们之所以逐渐疏远的潜在原因。[3]

与之截然相反，甲壳虫乐队的前成员，保罗·麦卡特尼（Paul McCartney）和他的亡妻琳达则非常在意花时间彼此在一起，不管他的名

---

1 罗布·帕森斯（Rob Parsons），《突破重重困难的爱》（*Loving Against the Odds*），（霍德和斯托顿出版社，1994），第39页。

2 雷蒙德·斯诺德和卡罗尔·米洁丽（Raymond Snoddy & Carol Midgley），《泰晤士报》（*The Times*），1998年4月22日，第5页。

3 雷蒙德·斯诺德和卡罗尔·米洁丽（Raymond Snoddy & Carol Midgley），《泰晤士报》，（*The Times*）1998年4月22日，第5页。

声和压力有多大。他们的朋友和传记作者，亨特·戴维斯（Hunter Davies）回忆说，保罗有两件对他最为重要的事情——与家人在一起以及他的音乐。

　　他愿意回到起初，重新开始。回到当地的礼堂、大学校园进行演出。深深触动我的是他的成熟、明智和责任感，他认识到家庭的需要并勇于担当。因此，"双翼"乐队（Wings）就诞生了，他生命中对家庭的挚爱和对音乐的激情结合到了一起。他带着琳达和孩子们与他一起巡回整个国家，有时就睡在大车店里。

　　可以想象，有些评论人开始恶劣地批评琳达，他们指点她的音乐，说她根本就不具备这些才能。他们也嘲讽保罗，认为他拖着琳达巡回演出非常愚蠢。双翼乐队一开始并不是很好，但是经过不断的共同学习和改善，后来越变越好。正像他们的婚姻一样。[1]

和你生命中最重要的人在一起，这样的事往往不会自然而然地发生。这需要我们审慎地、毅然地作一个决定。在结婚之前，大多数丈夫和妻子都会想方设法与对方共同度过可能的分分秒秒。婚姻咨询专家盖瑞·查普曼描述得好：

　　当恋爱达到顶峰时，那体验令人狂喜。在情感上，我们深深地迷恋着对方。晚上睡觉时，我们想着的是对方，早上起来，第一个想见到的也是对方。我们渴望在一起……当我们牵手时，就好像彼此身体内的血液都融为一体了……我们的错误在于以为这种情形会永远持续下去。[2]

我们错误地以为如果我们真的相爱，那么这样的情感就永远不会消

1　《名利场》（*Vanity Fair*），1999年10月，第135页。
2　《每日邮报》，1998年4月20日。

失。但是，心理学家们的研究却暗示着，这种状态一般只能维持两年之久。两年以后，夫妻二人就不能单纯地依赖感觉了。他们必须**选择**去爱对方。

一旦结了婚，花时间在一起可能很快就不再是优先考虑的事项了。因为住在同一个屋檐下，我们很容易就会以为不需要再去调整自己的时间表了。我们很可能会将彼此视为理所当然。但我们深信，**已婚**夫妇需要继续为对方计划出特别的时间。当我们刚开始恋爱时，我们为约会所投入的努力、期待、兴奋感，以及选择的不同时间和地点等因素都增加了约会的乐趣。如果在婚姻中，我们能继续为对方留出时间，那么浪漫就能持续，我们就能有机会更有效地沟通，对彼此的了解也将更加深刻。在生活中规律地保留两人相处的亲密时光，这必会帮助我们建立一生之久的美好关系。

在我们自己的婚姻中，我们为单独相处的时间设立了一个固定的时间表。对于每对夫妇而言，可行的时间表也许不尽相同。但我们相信，如果没有这样一个时间表，那么我们也许永远都没有时间在一起。如果有人问我们，为了维系婚姻并让爱情更加持久和甜蜜，哪件事情是夫妻双方都可以做得到的，那么我们的回答会是：

每周有规律地留出至少两个小时用于单独相处

由于找不到一个词语或短语来对应英语中的"约会"一词，我们在上**美满婚姻课程**的时候，只好选择用"二人独处时间"这一平淡无奇的词语。这是一段与一周中其他共度的时间不同的时间。在家里的一个晚上可能平淡无奇，付付账单、修修坏了的门把手或者熨熨衣物。这些枯燥的家务琐事是婚姻生活中不可避免的一部分，但是，如果我们只是拿起银行账单或者工具箱时才有话可说，那么有意义的沟通就会窒息，爱情就会有麻烦了。

精心计划的共度时光能令婚姻中的爱火重燃。不必耗费心神大事铺张，桌上烛光、背景音乐，再叫份儿外卖（还能给厨师放个假），电话按下自动应答，安排好这些就足够了。这样的时光应当是有趣而令人难忘的。还可以一起去看电影或是出去共进晚餐。应当彼此牵手、欢笑，享受一起做某件事情；更重要的，它应当是一段互相交谈的时间，是我们分享希望和恐惧、兴奋与忧虑、挣扎与成就的时间。这样的分享能够建立亲密的关系。简单却又非常有效。

但是要维持这段单独相处的时间并不容易，因为总是有各样的障碍妨碍我们：无法掌控的工作，还要想着将孩子们从一个活动场所送到下一个活动场所，或者因为总是觉得有什么事情需要完成而心神不定等。往往到一天结束时，我们人已经差不多筋疲力尽，那个时候，最不费力的选择就是坐在电视机前，俨然已是人在心不在了。

经验告诉我们，要维持每周单独相处的时间需要以下三个承诺。第一个是要去**计划留出这样的时间**。丈夫和妻子都必须从他们的记事本里找出每周的最佳时间。这要视我们有无孩子、孩子多大、自己是在家工作还是在外工作等情况而定。我们需要考虑哪段时间最适合我们。我们的孩子现在都大了，各自的工作又比较特殊，我们发现，对我们而言，一次为时两个小时的午餐通常是最好的时间。于是，我们就把它放在记事本里，一周一次，并且不仅将之视为一个承诺，也视为一个已经接受的邀请或是已经设定的约会。因为我们的生活都很忙，通常我们会提前三个月设定每周的二人独处时间，并且每周一次将对方的名字写进自己的记事本中，就像任何其他的约会安排一样。

这一计划和自己的丈夫或妻子共度美好时光的做法听上去也许有点做作。但实际上它可能是一个充满爱的关系中最先被忽视的东西。我们并不是一开始就刻意要忽略彼此，但是日常琐事会偷走我们一度努力想和对方相处的时间。

第二个承诺是将这一共度的时间**视为最优先**的事情。这意味着，我们要意识到它比其他事情更重要，尽管我们也可以将自己的闲暇时间用于其他很多很好的事情，比如看望家人、在家里娱乐休息、参加聚会、和朋友们观看足球赛，等等。但把我们与配偶共度的时间视为一项最优先的事情时，这就成了夫妻相爱的强有力标记。

我们刚结婚的时候，经常做不到这一点。有人邀请我们与他们共同做什么事情的时候，我们总觉得如果说要将晚上的时间留给自己是不友好的表现。所以，我们现在不说"我们要待在家里"，而是说"很对不起，我们有别的事情"，不需要告诉他们我们要做什么。如果接到一个令人心动的邀请，却与我们二人独处时间相冲突，那么我们有一个约定，就是如果不事先与对方协商好就不接受这个邀请。通常只有在可以换到这一周的其他时间时，我们才会选择改动一下。

第三个承诺是要去**保护这段时间不被干扰**。各种各样的干扰都会摧毁我们的共度时光。电话常常会绑架我们。有些人的电话我们不能不接，有些人一聊就得好几个小时。如果是这种情况，就应当考虑买一部带自动应答和录音功能的电话机或者选择拔掉电话机的电线。

对其他一些人而言，电视是主要的入侵者。电视可以轻易地夺走每周许多的时间，而有些时间我们本来是可以用于彼此交谈的。艾伦·斯图奇在他的《婚姻与其现代危机》一书中，如此写道："……电视让各种家庭关系时间都退让其后的力量是巨大的，对夫妻彼此沟通分享的影响也是毁灭性的。电视源于一种寻求个人满足的文化，并且在一直推崇着这种文化。"如果电视对你们是个问题，那么就做点什么吧，将它从起居室驱逐出去——或者让你们的家庭成为一个无电视区域。

我们会试图将每周的二人独处时间安排在一个不会撞见熟人的地方。虽然家庭和朋友的需要很重要，但是没有一个需要比我们投资婚姻更加重要。

我们越是忙碌，这一共度的时间就变得越发重要，也就越发困难。有时候，我们中有一个或是双方都会因一些其他紧迫的需要而分心。但是当我们对共度时光的长远利益确信无疑时，就能比较容易地抵抗住想要取消这一时间的诱惑。当然，可能有一些星期，就是不可能待在一起。但我们发现，如果两周没有一起放松、好好沟通的话，这对一个婚姻而言，已经是过长的时间了。我们会很快发现，彼此不再有什么接触，也常常感到情绪不佳。但如果我们在一周中有过这段时间，那就会体验到一种幸福感：那一周会显得更加平衡，我们好像更少地被生活的各种需要纠缠，也能更好地与对方以及孩子们相处。

共度一天

每隔四到六个月，我们就会计划出一天时间用于单独相处。我们将这段时间用来探讨那些平时没有时间或没有精力去讨论的事情。我们会回顾往事，看哪些方面做得比较好，哪些方面需要关注；也会考虑我们的经济情况，为未来设定一些目标，也为我们的婚姻和家庭生活构思出一些新的点子。

每隔几个月就拨出一段这样的时间能够帮助避免一些大事的积压。对我们而言，这些时间已经变得特殊而有趣。因为住在城市，我们会尽量选择去乡村。我们一起出去散步、共进午餐、给彼此足够多的时间谈心。有时候，我们会记下一些想到的计划和目标，好在未来的年月里进行参考。

节假日

我们发现，仔细地考虑度假的地点和方式是极为必要的，而且要考虑到各自不同的需要和喜好。常常，我们轻易地就想要去"随大流"，想到什么就是什么，或者就简单地接受别人递过来的第一份邀请。我们也曾有过一些这样的假期，在其中未能就问题得出什么结论，回来以后发现反而需要另一个假期来恢复。假日的主要目的是离开日常琐事、共享乐趣和共度时光。我们发现，有些时候，和许多朋友、朋友的孩子或者家庭共度假期的确非常美好，但也并非总是如此。

小型蜜月

一年一次夫妻二人不带孩子，外出两至三天对我们的关系所产生的影响是令人称奇的，使我们的关系获得新生。对于那些孩子尚且年幼的夫妇而言，要筹划这样的时间也许比较困难，但绝对值得坚持。如果你找不到一个能够照顾你孩子的家庭，那就看一下有没有机会可以和拥有同样年龄段孩子的朋友们互助一下吧。

如果外出花费太贵的话，你们可以待在家里（但是需要孩子不在身边），做一些与平时完全不同的事情。也可以和住在外地的朋友或家人交换一下住所。我们将每年这样的时间看作是一次小型的蜜月。从中所得到的益处和回报会远远超过筹划这一蜜月所付出的一切努力。

分开的时间

虽然我们强调夫妻应当花时间彼此相处，大部分的丈夫和妻子仍然会需要一段彼此分开的时间。我们有两个结婚有些年日并且婚姻幸福的朋友，他们回忆说婚礼刚过了三周，丈夫就不得不离开一周的时间。每个人都在同情这个可怜的、被抛弃的妻子。可是，她却欢喜异常。现在她终于可以正常睡觉了。和丈夫共睡一张床的麻烦、和另一个身体踢来碰去、再加上中间的起夜，她已经筋疲力尽了。一周的恢复正是她所需要的。

虽然分开的时间并非出于迫不得已，但它却需要来自夫妻双方自愿而且真诚的认可。过量的"男子派对"或"女子派对"对婚姻并无帮助。而且，任何一个此类的邀请都需要夫妻共同进行仔细考虑。与其伤害婚姻，倒不如选择令朋友失望为好。

在我们单身时期所建立的许多友情中，如果有一些能在婚后令夫妻双方都感到享受，这样的友谊在婚后也许反而会加深。但是要维持每一份友情是不可能的。如果某些友情会在某一方面对婚姻构成威胁，特别是那些会令夫妻一方冲昏头脑以致犯下不忠行为的话，那么这样的友情就必须任其消亡。我们应当以这种方式来忠于我们的结婚誓言：只要你们双方都还活着，就当彼此忠诚，放弃别人。婚姻新起点所包含的其中一个内容便在于此。

　　这并不是说，我们必须什么都要在一起做。我们并不是努力要强迫对方在任何方面都变得与我们一样。很有可能我们会对一些社交场合、社区活动，以及与工作或闲暇时光有关的邀请等有不同的感觉，而且这些事情常常与我们的性格类型或者在某一特定方面的才能以及自信程度紧密相关。当然，我们应当优先考虑的是找到那些能让夫妻双方都觉得享受的活动，但是的确会有一些兴趣爱好并不是双方共有的。

　　许多夫妇对婚姻的这个层面感到为难。当一方想要分开一段的时候，他们就会感到被抛弃。事实上，夫妻之间需要独处的时间，这会让他们意识到重聚的必要。在健康的婚姻关系中，配偶们会珍视对方的个人空间，并且会拥护彼此的理想和事业。[1]

　　以下有四个问题供我们参考，特别是如果我们有年幼的孩子的话：

1. 丈夫和妻子有没有给彼此一些机会，用于培养个人爱好？

2. 我们的个人爱好是令我们彼此憎恶呢，还是我们由衷地喜欢给对方这样的时间？

3. 我们首先寻求的是想要令对方自由呢，还是想要将时间据为己有？

4. 如果家庭的实际情况要求我们放下个人爱好，那么我们会甘愿放弃吗？

　　如果夫妻双方态度正确的话，那么追求个人爱好不但能防止婚姻关系变得单调乏味或者抑郁恐惧症的出现，还能给婚姻注入生气、刺激以及各种新思维和新故事。但是，如果某些爱好会导致夫妻之间产生距离，或者会给婚姻造成巨大压力的话，那么就应当减少或者放弃这样的爱好。

1　盖瑞·查普曼（Gary Chapman），《爱的五种语言》（*The Five Love Languages*），（诺斯菲尔德出版社，1995），第29、36页。

希拉 力奇的一项爱好是帆船运动。当我们初次在爱尔兰西南部见面时，我就意识到了这一点。在那两周的帆船比赛中，我是第一个自愿加入他队伍的。过了些年以后，我们发现帆船与婴儿之间完全无法兼容。经过许多的压力、间或的愤恨以及苦闷后，我们终于作出裁断：如果带着四个八岁以下的孩子，花上两周时间用于帆船比赛，那么它所带来的冲突已经远超过它带给我们的乐趣了。

因此，这许多年来，每次度假，我们都会给力奇三到四天时间去参与一些帆船比赛，其余的假日时间则完全是一家人共同度过。现在，孩子们都已经成了热心的水手，而我则常常和他们一起争做力奇队伍的成员。

保持接触

只有当我们摸索出一个方法，能经常向对方敞开个人世界时，两个生命合而为一的过程才会得以进行。有时这也许需要付出巨大努力，但是我们在一生中所投入的各种贡献将使婚姻成为一个容纳无数夫妻共享经历的宝藏，并为我们建立起一道互相理解的纽带，将我们彼此联结得更加紧密。

正常情况下，每天一开始，我们就会分享自己一天的计划安排，以及一些可能令自己感到压力或焦虑的方面；接着，我们就为彼此分享，然后各自分开（我们将会在附录4中更详细地描述）。这一小段仅仅几分钟的时间必须要与不断改变的家庭生活模式相适应。当孩子们还年幼时，我们会在起床之前互相分享（这有一些困难！）等他们大一些了，我们就会等他们出门上学以后，再立刻开始。

如果我们在这些日常生活的细枝末节上能保持接触的话，那么这将产生巨大的长远利益。当我们有一个或一些晚上需要分开时，我们会至少一天一次致电对方以保持联络。这使我们能够成为彼此"世界"的一部分，也对我们的彼此了解有着深远的影响，它也帮助我们在重聚时能够顺利地重新适应对方。

到了晚上，一天就很容易悄无声息、彼此无关地结束了，一个倒在沙发上睡去，另一方独自爬上了床。为了我们的关系，不管有多累，我们总是会努力在一天结束的时候、在我们准备好上床睡觉或是一方还在泡澡的时候，重新和对方连接上。一个结婚二十五年的妻子如此描述他们的深夜生活："这是我们婚姻的奶油：夜色中互相交流着白日所发生的点点滴滴。"

结　语

　　稳固婚姻的核心是一种稳固的友情。如果没有积极正面的培养和联结，即使良好的友情也会逐渐疏远。要使我们的友谊成长，首先要投资的就是每天、每周、每年执著地花时间在一起。这将为建立一个稳固的婚姻提供坚固的根基。

　　每周的二人独处时间已经成为我们一项美好的投资，成为让我们紧密相连并让浪漫持续的唯一重要手段。精心安排计划、调整优先次序、竭力保证在一起的时间，不再幻想"等有空儿的时候"的相聚。我们常常记着罗布·帕森斯的话："……我们必须为那些自己认为重要的事情创造时间，而且必须是现在。"[1]

·婚姻黄金法则第一条·
别忘了给彼此留出时间，一起享受乐趣。

1　罗布·帕森斯（Rob Parsons），《突破重重困难的爱》（*Loving Against the Odds*），（霍德和斯托顿出版社，1994），第39页。

第二部分
沟通的艺术

SECTION 2
The Art of Communication

THE MARRIAGE BOOK

第三章　如何更有效地交流

How to talk more effectively

最重要的就是将已经开始的谈话继续下去。

——莉比·帕维斯[1]

1986年12月，在结婚三年以后，安娜离开了她的丈夫詹姆斯，与另一个男人一起过起了日子。她想要离婚，并且已经开始了诉讼程序。詹姆斯开始为他和安娜的和解做出努力，虽然那个时候她甚至拒绝和他见面。

两年半以后，离婚暂准判令（离婚的第一阶段）下达。1989年7月，詹姆斯给安娜和她的新伴侣寄去了两张葛培理宣讲大会的门票。安娜将票退给了他。刚巧，那一次葛培理决定多住一晚，好在温布利大球场（Wembley Stadium）演讲。于是，詹姆斯又给安娜寄去了两张门票。这一次，安娜给他打电话说，她的伴侣不想去，如果詹姆斯也去的话，她可以和他同去。

安娜后来写道："葛培理所讲的每句话似乎都在撞击我的心房。我的工作很顺利，自己又开始了一段新的关系，但仍然不快乐。他说了许多要彻底重新开始之类的话。我在心里想着说：'等我处理好离婚的事情以后，就和男友重新开始一段生活，或者独自生活。'"

1　莉比·帕维斯（Libby Purves），《大自然的杰作——家庭幸存指南》（*Nature's Masterpiece, A Family Survival Book*），（霍德和斯托顿出版社，2000），第221—222页。

在葛培理的演讲结束时，安娜走下球场，做出了一个重大决定。"泪水中，我强烈地感到被爱，并且感到我生命中各样事情的优先顺序正在被重新排列。我相信，我要有一个新的开始，但我也清楚地感在我的婚姻将要被重建。就在那一刻，我突然意识到，我的婚姻极为宝贵，在我的婚姻中将出现一些非凡的事情。重建意味着我的婚姻不仅要得到修补，而且要彻底地更新。"

葛培理团队中的一个辅导员走到安娜身边，问她有没有和谁一起来。泪光中，安娜回答说："有。"辅导员就建议她去把他找来。安娜说："可是他是我的丈夫。"辅导员听了之后高兴地说："那太好了！"安娜继续答道："但是你不知道，这是我两年半来第一次见他。"听到这里，那个辅导员自己也开始哭了起来。

安娜知道她应该回到丈夫身边。她和詹姆斯不得不去法院取消了离婚暂准判令。法官对此感到欣喜异常，他们自己也高兴得哭了。现在，十八年过去了，他们已经有两个孩子，并且彼此深深地相爱。

最近，我们请他们反省一下分开之前到底是哪里出了差错。他们二人一致认为是因为双方的沟通出了障碍。安娜写道："我们的婚姻之所以会崩溃，是因为我们未能和对方分享内心真实的感觉。这开始在我们之间造成不合，但一开始这很难察觉。当我们复合以后，我决定不再向詹姆斯隐瞒任何的想法。过去，我总是习惯于思考婚姻中那些负面的东西，却不将它们说出来。事实上，我总是在内心控诉詹姆斯，却不曾给他机会来为自己辩护。"

"现在，当我们中有一方有什么心事时，我们都会比以前更容易察觉出来，也会坚持不懈地问问题，一直到他把心里话说出来为止。我的情绪波动常常比詹姆斯厉害。如果我感到心情不好的话，就会觉得很难交谈，因为那时我会倾向于在情感上封闭自己。在这些时候，我们必须更加努力，才能将沟通进行下去。"

詹姆斯写道："如果必须要我确定一个之所以分开的理由，那将是无效的沟通。我很清楚地记得，我们之间的沟通很轻易就会变成一种定式：空气中可以弥漫着各样的话语，却没有任何实在的意思。在这方面，现今所有的智慧都强调要在忙乱的行程表中专门拨出一些优质时间的重要性。但根据我的经验，那只会在夫妻之间划定界限。有效的沟通必须意味着向对方展示我们生活的所有层面。在我的情况中，也包括展示那些我一向隐藏得很好的方面。至少对我而言，这不仅需要时间，还需要勇气。"

"除了需要知道安娜无条件地接纳我以外，我也需要一些非天然的勇气。事实上，我感觉自己在情感上比较迟钝，似乎一大半的我好像被深度冻结了一样。这就好像我去哪里都带着一个隐形的障碍，除非我试图去接近某人，否则我会一直躲在这个屏障后面。"

"在过去的十八年间，我开始看到，夫妻真的有可能一起成长——彼此之间的关系随着时间的流逝反而加深。我不仅自己亲身经历到了，而且也一次又一次在别的夫妇身上看见了。这是我一直想要的，可是却曾经以为这些只不过是浪漫的桥段或是多愁善感的小说而已。"

詹姆斯和安娜在沟通上的问题在其他很多夫妇中也同样存在。所谓沟通，并不仅仅是彼此交换信息，严格地讲，它的意思是分享我们的各种想法和感觉。通过这种方式，夫妻让对方了解自己。

在温斯顿·丘吉尔夫妇长达五十六年的婚姻中，虽然他们因为政治和两次世界大战的缘故，很长时间彼此分开。但是他们一直不断地用信函、日记、电报、便笺等方式彼此沟通，至今仍有一千七百多件被保留了下来。[1]他们一直维持着向对方倾诉自己的想法和感觉的习惯。这样不间断地沟通一定在某种程度上帮助了他们维系对彼此一生之久的爱情。

1　《不言而喻：温斯顿·丘吉尔和克莱门汀·丘吉尔的私人信件》（*Speaking For Themselves. The personal letters of Winston and Clementine Churchill*），由玛丽·索姆斯（Soames）编辑，（黑天鹅出版社，1999）。

在最好的婚姻中，丈夫和妻子之间不存在什么秘密。在最近关于维多利亚女王的一个电视剧中，有一场女王和首相墨尔本爵士之间的对话。女王在征求首相的意见，要不要将各样国家事务告诉她的新丈夫——阿尔伯特亲王——因为他是一个德国人，也许会有不同意见。墨尔本爵士给了一个非常智慧的回答："在婚姻中，夫妻之间意见不合远大过彼此保有秘密的危险。秘密会招致不信任！"

当然，我们也许需要学习如何与对方交流。《星期日邮报》上有一篇文章，讲述的是一位名人的婚姻为何破裂。文章引用丈夫的话说："当我们去接受婚姻辅导咨询的时候，我惊讶地发现我们居然从未真正地交谈过。我听见我的妻子在向一个十足的陌生人讲着一些我从未知晓的感受。而我其实也在做着同样的事。我们借着陌生人才知道彼此的想法。"

华盛顿大学家庭研究所所长约翰·戈特曼教授（John Gottman）在分析了保持三十多年婚姻关系的家庭之后，如此评论道：

> 典型的情况是，当一方主动接近另一方、想要引起对方的兴趣时，却遭到碰壁。他们在感情联接上出现了问题……人们对自己伴侣的渴望是"让我知道你爱我"。但许多人生活在情感荒漠之中。这就是为什么他们在感情上极度饥渴。[1]

我们中有些人无法很好地聆听，另一些人则无法清楚地表达自己的感受，正像詹姆斯在前面所描述的。我们不仅需要学习表达，也需要长于聆听。

---

[1] 切莉·诺顿（Cherry Norton），《星期天独立报》（*The Independent on Sunday*），1999年10月3日，第6–7页。

说话

谈话的重要性

史蒂文森（Robert Louis Stevenson）如此描述婚姻：

> 婚姻就是一段长时间的对话，充满着不同的争论。但两个人会越来越多地使自己的观念适应对方的观念。随着时间的流逝，他们不知不觉地把彼此领进一个全新的思维世界。[1]

几年前，当孩子们还小的时候，有一次我们将他们交给祖父母照看三天，好让自己有一些单独的时间。我们去了苏格兰高地，找了一家小旅馆住下来。我们都非常期待这个假期，渴望有一段很长的时间能彼此交流。到达旅店的时间已经是晚上，我们到了房间，卸下行李，就跑到楼下的餐厅。

餐厅中有许多夫妇，大部分看上去已经结婚二十多年了。但是，除了杯盘上刀叉的声音，其余是一片寂静。我们被引到餐厅中间的一张餐桌，两个人坐得尽可能靠近对方，交谈也只能窃窃私语，免得被其他人听到。

我们相信，要是这些夫妇在外和朋友们在一起，甚或是在一个派对中与完全陌生的人在一起，他们也不会一个晚上都保持沉默，而肯定会努力地主动与人攀谈。许多夫妻的悲哀就在于他们未能认识到应该把**最大的努力**放在自己的配偶的身上。

当然，除非刻意安排出时间，否则我们通常只会在状态最差的时候见面：早上半梦半醒之间或是晚上筋疲力尽的时候。电视或报纸取代了

1　莉比·帕维斯（Libby Purves），《大自然的杰作——家庭幸存指南》（*Nature's Masterpiece, A Family Survival Book*），（霍德和斯托顿出版社，2000），第221页。

谈话。彼此之间的交谈只限于要办的事情上，比如："可不可以把我的外套送到干洗店去？"或者"能不能帮我把这个给寄出去？"或者只是交换一些简单的信息，"罗伯特升职了"或者"街对面的女人生孩子了"，等等。

付出努力

假如在我们最初与丈夫或妻子约会的时候，就不太与对方交谈，那么后来两人也许就不会结婚了。只有当我们付出努力，关系才会稳固。一个在婚外情边缘挣扎的女人告诉我们自己为什么会被另一个男人吸引："他似乎对我很有兴趣——总是找些问题问我。"

除非我们让自己对别人发生兴趣，否则就不会知道那个人是否有趣。婚姻中的一大秘密就是问问题，向对方询问一天过得如何，做了什么事情，有什么担心的事情，有什么兴趣、忧虑、希望以及计划等。我们可以发现对方就日常事务有何看法，也可以了解对方如何看待一些大事。

很多夫妻生活有不同的方式。最近我们在和一个澳大利亚的商人交谈。他有一份疯狂的工作，大部分的时间都在打电话。从早上上车时电话响起，一整天都不停歇，一直到晚上开车回家时把电话关机才得平静。

他的妻子也曾经有一份类似的工作。如今，她全职待在家里照顾三个不到五岁的孩子。当听到开门声音时，妻子已经迫不及待地想要与一个成年人交谈，并且要在晚餐桌上有一些饶有兴趣的谈话。而当丈夫步入自己的"圣所"时，**他**所想的只是要自个儿放松下来。两个人都知道他们必须付出极大的努力才能体贴对方的需要。

我们所认识的另一对夫妇针对这种情况发明了一个策略。当丈夫下班时，他就将以下的时间视为属于妻子的时间。因此，在回家的路上，他就开始想她以及她一天的生活，以此来预备自己再度见到妻子以及如何共度晚上的时光。当妻子在等候丈夫归来的时候也是如此。双方这样的努力可以轻易地让他们开始谈话，而且总是能令夫妻双方更加亲密，关系更加密切。

其他许多情况也需要付出相同程度的努力。设想一个癌症病房的护士嫁给了一位银行职员——彼此都需要非常努力才能理解对方的各种压力，并尊重对方的工作。如果配偶是学校教师，那么做丈夫或妻子的在开学期间可能需要格外理解对方，因为对方晚上会有很多时间需要用于备课和批改作业，而不太有时间彼此交谈或一起放松。到了假期压力则会转移，做教师的配偶早上可以再睡一个懒觉，另一个却要挣扎着去上班。

增加我们的话题

有一些夫妇会发现彼此之间缺少话题。在这样的情况下，也许他们需要增加一些**共同**的兴趣爱好。各种共享的经历会自然而然地激发令人兴奋的谈话。我们有一个朋友告诉我们她的父母如何在过去四十年间形成了一些共同爱好：

> 当妈妈刚见到爸爸的时候，她还从未用双筒望远镜看过东西呢。除了麻雀以外，她对鸟类也是一无所知。但是当她到了六十五岁，却对鸟类积累起了惊人的观察和认识，这真让人感动。她之所以会对鸟类产生兴趣，是因为对爸爸的爱——鸟类是爸爸的最爱。在他们婚后四十多年的时间里，他们为着追寻各样的鸟儿共同走过了几千英里的路。
>
> 同样，爸爸一点儿都不爱好艺术。作为一个年轻人，花一个晚上的时间待在戏院或剧院也绝不会是他的选择。这却是妈妈喜欢的。但是这么多年来，他选择和她一道去，而且尽全力让自

己也对此产生兴趣。偶尔几次，他会发自内心地喜欢某场演出或某个歌剧。但有时他会睡过去，而且回家后常常不记得剧名或是内容。他将那些晚上的时间主要用来研究场景布置上面。

有时候，我们需要作一个决定，来对丈夫或妻子已经喜欢的东西表示出兴趣。这也许意味着重新拾起刚开始约会时所做的事情，或者可以找一项对彼此都有吸引力的新活动。新活动的可能性不计其数，可以包括：开始从事一项新的运动；摄影；记录家庭生活；重新整修房子；园艺；集市拍卖（不管做卖主或是买主）；去不熟悉的地方旅游（要带上一本当地指南）；观看某项运动，也许可以支持一个地方队伍；去戏院或电影院；朗读诗词；散步；或者听听音乐。

然后，我们就可以讨论彼此不同的反应。我们必须想办法让对方说出自己的想法和感受：喜欢什么或不喜欢什么，下次想做什么等。

利用就餐时间

"友谊"的原始定义是"一起用餐"。喜剧演员和旅行作家迈克尔·帕林（Michael Palin）在结束了他周游世界的旅行时评论道：

> 我在极地之旅中所到过的每个国家，一起分享食物都是一项重要的社交活动，这也是必要的。因为聚餐确实是迄今为止人类发明出来的用来互诉苦衷或共享欢乐的最佳场合。

吃饭是培养友谊的好机会。一直以来，一起用餐都被珍视为凝聚家庭成员的方式。一直到二十世纪下半叶，它才在西方被逐渐忽略。各种方便食品和微波食品的危险在于它们可以让人们快速地、分别地用餐。在美国一些地区，这种情况甚至严重到有些家庭在装修时就根本不设计共同用餐的地方，而每个房间却都设计了摆放电视机的地方。这对家庭生活是一个巨大的损失。一对夫妇对我们说："我们发现用餐时间是谈话的最重要场合。也许只是快餐食品，但我们摆上餐具，然后坐下来，一起不受打扰地专心用饭，这对我们很有益处。"

讲述我们的感受

很多年以前，我们曾经收到一封令人感伤的信件，它来自于一位结婚不到一年的女士。她写道："在所有人眼中，我们看上去就像一对幸福的新婚夫妻。当我们和别人在一起时，他总会披上虚假的外袍。但是我们结婚没过几周，我就感到非常失望。我以为我们可以谈论每一件事情，可是他却从不告诉我他的感受。"

在我们这个文化中，当提到情感的表露时，男人一般都要比女人来得艰难。过去诚然如此，即使到了今天，男人们也在某种程度上被认为应当将自己的感受埋在心里，而女人们则被鼓励将自己的感受和朋友或家人分享。正如安娜在讲到和詹姆斯之间婚姻为何破裂时所提到的："我不再与丈夫推心置腹，而是开始将心里话告诉我的姐妹和朋友们。"

一些人认为自己不是"情绪化"的人。但是情感是人之所以为人的一个重要部分。我们如果想在婚姻中有效地交流，就必须学习谈论自己的感受。有一位最近参加了**美满婚姻课程**的女性，当被问及自己最喜欢这门课程的哪个部分时，她写道："我最喜欢的部分是我的丈夫**必须**与我交流他的各种想法和感觉。他思想中有许多可爱的事情，但从未用言语表达出来过。"在合适的时机询问我们的丈夫或妻子"你有什么感觉？"可以帮助他们更加自由地交谈。如果我们能够在感觉良好的时候学习表述自己的感受，那么当我们处在压力之下时，才会更有可能这样去做。

在婚姻中，我们都有可能会经历一些困难时期，比如经济上的艰难、重大疾病、交通事故、青少年子女问题、流产以及亲人丧亡。这些危机处理得当与否将会成就或拆散一个婚姻。特别是孩子的死亡会给夫妻关系制造巨大压力，有这样经历的夫妻的离婚率明显高于一般夫妻。在经历亲人丧亡或是悲伤的时候，我们会比较容易否认自己的感受、与对方疏远或是退缩到工作中去。但是夫妻双方共同面对这些经历的一个重要方面就是要说出我们的感受，不管有多么痛苦，可以表达出不同的感受，并共同渡过这些不幸。

在一本杂志上，有一篇题为《男人知道亲密感吗？》的文章，其中引用一位名叫艾丽森的妻子的话，说："詹姆斯总是靠我去处理婚姻中这些情绪上的东西……他是一个英国人，非常的冷漠。他八岁就被送到寄宿学校去。当这样的事情发生在一个小男孩身上时，他很快就知道，动感情只会让生活变得更为艰难。"

当艾丽森经历一次流产以后，他们夫妻之间开始变得疏远。文章中，艾丽森继续说道："我发现和詹姆斯谈谈这件不幸的事会让我好受一些，但是他却压抑自己的感受。他的处理方式是变得对我非常挑剔，并且会对一丁点儿大的事情勃然大怒。后来有一个晚上，当我们在床上时，我忽然意识到，其实他自己这几周来也一样感到很沮丧。我就问他，'为什么你不将自己这种感受告诉我呢？'"[1]

深层次的交流需要我们向对方敞开内在自我，使自己变得易受对方影响。如果我们不去交流那些痛苦或复杂的情感，而试图自己进行处理的话，那么夫妻之间就会疏远。对于有些无法**意识**到，且更不愿**谈论**自己感受的人而言，改变是可能的。一个开始改变的好方法，就是写下正常一天中发生在我们身上的三到四件事情（无关紧要或者极为重要皆可），然后就这些事件写下自己的感受。举例而言：

> 赶上火车了——感到无聊/受惊/疲倦；
>
> 打了一个电话——感到愤怒/充满希望/焦虑；
>
> 去了银行——感到羞耻/平静/恼火；
>
> 遇见了丈夫或妻子——感到开心/紧张/兴奋。

如果我们没有这个习惯的话，要开始表达这样的情绪将需要勇气。因为可能会觉得被暴露或者感到脆弱，我们必须确信我们的丈夫或妻子不会因为我们所表露的情绪而拒绝我们、发火或者责怪我们。

选择合适的时间

虽然夫妻之间彼此不留秘密以及学会表述自己的感受非常重要，但是，有时候，立刻说出自己的想法也不见得是对的。我们需要仔细地考虑话语会产生的效果。学会克制自己，一直等到一个更加合适的时候再行

1　索尼亚·里奇（Sonia Leach），《好管家》（*Good Housekeeping*），（1994年8月），《男人知道亲密感吗？》（*Do Men Understand Intimacy*）。

动，这正是彼此相爱的可贵之处。这也许需要我们等待，一直到双方都不是过分疲倦或是没有其他心事，并且有充分时间可以用来讨论的时候。

有一对夫妻这样描述当他们被对方的行为激怒，并且知道这将是一个敏感话题的时候所采取的行动。他们不是立刻提起这个话题，而是等一等让这个话题在合宜的时机被提出来。他们惊讶地发现，常常如此之后，对方会主动地提出这个话题。

表达爱意

延后提出敏感话题是一个智慧选择，但告诉对方我们的**正面感受**，却没有对或不对的时间限制。而且，坚持这样做，会对婚姻起到深刻的影响。正如弗兰克·米尔（Frank Muir）所讲的：

> 对我和玻莉而言，彼此的爱恋无疑变成了另一种更能持续长久的东西——爱情本身。而且，比起恋爱来，爱情是一种全新的关系，更加深沉，互敬互让，充满"深情"。
>
> 每天晚上，除了为家庭成员、塞尔的斑点狗达尔马提亚以及我们的猫辛图（名字是根据科西嘉最高的山起的，这对一只阿比西尼亚猫而言真是个好名字）祈祷以外，我和玻莉都会向对方再度肯定我们的爱意。因此，当今天有一位女报记者打电话问我，我是否经常对妻子说"我爱你"，我告诉她（先飞快地在计算器上算一下）我已经说了大约16822次，而且我每次说都是很真诚地说。[1]

---

1 弗兰克·穆尔（Frank Muir），《肯特州少年》（*A Kentish Lad*），（柯基出版社，1997），第404—405页。

第四章　如何更有效地聆听
How to listen more effective

二人也许可以在同一屋檐下交谈多年，心灵却从未真正相遇。

——玛丽·凯特伍德[1]

我们的丈夫或妻子正在对我们讲他们一天过得怎样，我们则目不转睛地盯着电视或者读着报纸，间或嘟哝一声作为回答。电话响起来了，是一个朋友打来的。我们放下报纸，聆听他们说的每一句话。交谈中，对方听到我们愉快地回应着，表达着强烈的兴趣、深深的同情或是一种愉悦的心情。有时，我们会用长时间的沉默来领会朋友所说的话。我们向丈夫或妻子示意把电视声音关小，然后转过身，坐下来，给电话以全副注意力。

1　玛丽·凯特伍德（Mary Catterwood），1847—1901，美国作家，《马基纳克和一些最新故事》（*Mackinac and Late Stories*），（马利森出版社）。

　　我们中大部分人完全有能力聆听，但是却常常忽略我们最常见面、最需要我们聆听的人。我们会轻易地认为沟通中最重要的部分就是**说话**：要清楚、健谈、知道如何表露心声并且讲述观点。但正如经典之语告诉我们的："未曾听完先回答的，便是他的愚昧和羞辱。"我们中有多少人能够听完再回答呢？雅各也这样劝勉我们："但你们各人要快快地听，慢慢地说，慢慢地动怒。"也许这就是为什么我们有两只耳朵和一张嘴巴——好让我们听的可以比说的多一倍。当我们听从雅各的劝告时，所有的关系就能更好地运作了。

　　作为人，我们最大的一个需要就是被倾听和被了解。这能满足我们最根本的需要——不至于孤单。有一次，撒玛利亚会（The Samaritans）开展了一项广告宣传活动。海报上有一只巨大的耳朵，下面有一行字幕："二十四小时开放"。这个组织存在的目的是通过聆听，向任何人、在任何时间提供帮助。有些人之所以去找辅导员或治疗师，其目的纯粹是为了至少有个人可以听他们讲一个小时左右的话。当然，我们不需为此付费。

　　在婚姻中存在一个危险，就是我们不经心地去聆听，这或是出于懒惰，或是因为我们自以为知道对方想要说些什么。我们会轻易地形成一些不良习惯，比如：打断或终止对方的话，或者替对方把话说完。咨询师杰拉德·休斯（Gerard Hughes）说：

> 　　擅长聆听，这个恩赐需要时时地操练。它也许是人们所能拥有的最具治疗效果的一个恩赐，因为它可以让说话方享受自由，给他们一个安全的环境，不去判断他们也不去劝告他们，因为聆听传递的是一种比言语更强的支持。

　　聆听是表明我们珍视彼此的一种强有力方式，但其代价也相当昂贵。我们需要付出努力才能聆听丈夫或妻子倾吐种种感受或表达各种观点。

　　我们中有许多人并未真正发挥出聆听的水平。其实，当我们提升聆听水平时，我们的婚姻就得到了改善。了解以下五种聆听者的类型能够帮助我们认识到自己在哪些方面有所欠缺。（我们中有一个人居然能够认同全部五种！）

不善聆听者的五种类型

给予建议者

一个**给予建议者**不会去同情丈夫或妻子，只会想着解决问题，因此他会立刻建议说："你应该这么做。"如果做得过于极端而且不加遏制的话，这将摧毁一个婚姻：

> 我见到帕特里柯（Patrick）时，他已经四十三岁，而且结婚已有十七年。之所以记得他是因为他一开始说的几句话非常有戏剧性。当时他坐在我办公室的皮椅上，在简单介绍了自己之后，他身体往前倾，非常激动地说："查普曼医生，我是个傻瓜，一个真正的傻瓜。"
>
> "是什么让你下这个结论的呢？"我问道。
>
> "我已经结婚十七年了，"他说，"我的妻子离开了我，现在我知道我实在是个大傻瓜。"
>
> 我重复着一开始的问题："你怎么很傻呢？"
>
> "我妻子下班回家就会告诉我她在公司里所遇到的各种问题。我听她讲了以后，就会告诉她我认为她应该怎么做。我总是在给她建议。我告诉她必须去面对问题。'问题不会自动消失的。你必须和相关人士和你的主管谈谈。必须处理这些问题。'"

"第二天当她下班回家，又会告诉我同样的问题。我就问她有没有照着我前一天所建议的去做。她会摇摇头说没有。我就会重复我的建议。我告诉她这就是处理问题的方式。第三天她回家后又会告诉我同样的问题。我又会问她有没有照我的建议去做。她又会摇摇头说没有。"

"贝利尔，主要问题是你应该学会游泳。"

"这样过了三四个晚上以后，我会发火。我就告诉她，如果她不愿意照我所建议的去做的话，就不要指望从我这里得到任何同情……"

"我于是就会回去做自己的事情。我真是个大傻瓜，"他说，"真是个大傻瓜！现在我知道当她告诉我工作上的问题时，她并不想要我的建议，只是想得到我的同情。想要我去聆听、去对她关注，让她知道我理解她所受的伤害、紧张和压力。她想要知道我爱她，并且我和她站在一边。她并不想要建议，只想要知道我能理解她所说的。但是我却从未努力地去理解她，我太忙于提出建议了。"[1]

1　盖瑞·查普曼（Gary Chapman），《爱的五种语言》（The Five Love Languages），（诺斯菲尔德出版社，1995），第61—63页。

打断者

当别人在说话时，我们很可能非但不听，反而想着自己接下去要说的是什么。畅销书作家斯蒂芬·卡维这样写道：

> 许多人聆听的时候并不是带着要去明白的意图，而是带着要去回答的想法。他们要么是正在说话，要么是在准备说话。他们在将自传读进他人的生活。[1]

许多年前，我们在一次家庭度假的时候，孩子们正在滑水，兴奋地谈论着他们所取得的成绩。正在这时，边上有个人开始加入谈话。当他一知道孩子们在谈什么时，他就开始高谈阔论起自己高超的滑水技能，他的孩子们的水平、他的船速、潜水服的价格等。虽然我们的孩子们那时都还很小，但他们到现在都没有忘记这个人。他的不善于聆听、打断别人、只知谈论自己等，实在毁了孩子们一个快乐的下午。

一般说来，一个想要打断对方的人能忍耐聆听的时间大约只有17秒钟，有时候这会成为丈夫和妻子间谈话的惯例，而他们似乎都没有意识到这一点。当一方比另一方更加善于言辞时，这会特别危险。有些人倾向于一边说一边理出自己的想法，而对方也许是要先整理出思绪，然后才说。在这类情况下，可能需要极力克制才能不去打断丈夫或妻子的话，或者回答我们所认为他们会说的话。我们需要学习等待和聆听。因为**打断者**会影响对方情绪，最后致使对方不再表达自己的想法，最多只是叙谈一些日常生活所必需的事项。

1　斯蒂芬·卡维（Stephen Covey），《高效能人士的七个习惯》（*The Seven Habits of Highly Effective People*），（西蒙和舒斯特出版社），第239页。

保证者

保证者是那种对方话未说完就过早跳进来的人，而且常常带着这样的评论："也许问题没有你想象得那么严重"，或者"我相信一切都会好起来的"，或者"你明天会感觉好很多的"等。保证者们禁止别人表达任何真实的感受，不管是焦虑、失望或是伤害等。常常，这是因为他们自己也需要这类"不会有什么大问题"以及"生活将不受干扰、继续进行"等的保证。

理性思考者

理性思考者很少努力去聆听，他们只是专注在解释为什么我们有这样的感受。当对方说"我这一天很糟糕"时，他们也许会回答："这肯定是各种因素共同造成的结果——天气这么闷热，你工作压力又那么大，而且你可能在担心我们的经济状况。"

岔开话题者

有些人不去评论所提出的问题，而是将话题岔开，通常是扯到一件他们感兴趣的事情上面。他们会说"这让我想起……"然后就开始滔滔不绝了。

我们都可以成为良好的聆听者，但必须愿意去认识自己的欠缺并学习一些新的技巧。以下这些准则也许一开始会显得做作，但对形成良好的聆听习惯至关重要，而且还在过去的岁月里帮助我们改善了彼此的沟通。

学习聆听

给予全部注意力

最近，我们看了一部电影，里面讲到一个十几岁的女儿如何叛逆父母的价值观。影片的开始有一个场景，女儿想要和她父亲谈一些令她担心的事情。但是她的父亲却急于完成一篇文章。当女儿努力鼓起勇气要讲出自己内心的忧虑时，父亲仍然在电脑上工作着，眼睛从未离开过电脑屏幕。几分钟以后，女儿决定不再说什么了。父亲在聆听上的失败对她女儿的生活造成了灾难性的后果。

与之相反的，一位女性如此描写她的父亲：

> 我为父亲深深地感到骄傲。他在印度政府中身居要职，他每天离家上班之前，我都看见他穿着体面，在镜子前面调整着头巾。浓密的眉毛、友善的眼睛、温柔的微笑、分明的轮廓以及尖尖的鼻子。我最珍贵的记忆之一就是他在书房中工作时……那时我还是一个小女孩，我总会有问题想要去问他，于是我就在他的办公室门边偷偷地看着他，犹豫着要不要打断他的工作。这个时候，他会抬眼看到我。
>
> 接着，他会放下笔，往后靠着椅背，叫我："奇恰。"于是我就垂着头慢慢地走进书房。他会微笑着拍拍身边的椅子说：

"来，我亲爱的，坐在这里！"然后，他就一只手抱住我，把我抱到他身边。"现在，我的小奇恰，"他会温和地问，"要我为你做什么呢？"父亲总是这样。他不会介意我是不是打搅了他。只要我有疑问或问题，不管什么时候，不管他有多忙，他都会把工作放到一边，把他的全部注意力给我，单单地给我。[1]

这位父亲表现出他在倾听，不是所有的父亲都能如此。和为人父母一样，在婚姻中，给予对方全部注意力其实是向对方传递爱。

有关沟通的研究显示，我们想要沟通的内容只有百分之十与所使用的语言有关，沟通中所采用的语气大概占了百分之四十，而我们的身体语言则占了其余的百分之五十。这对于说话和聆听都有重要意义。

身体上的近距离接触能够有助于沟通：从一个房间向另一房间喊话方式的沟通不会很有效。假如我们的丈夫或妻子需要告诉我们一些令他们觉得苦恼的事情，坐得离他们近一点，手臂挽着他们，最重要的，注视着他们，这都将显示出我们在意他们。眼神的接触能够传递这个信息："我对你正在说的很有兴趣，而且在给你我全部的注意力。"

应对使我们分心的事情

希拉　我发现当有一些具体事务需要处理的时候，要给力奇全部的注意力很难。力奇可以高高兴兴地坐在一片混乱之中谈话，或者可以一边整理东西、一边进行一次深入的谈话。但是我心里却想着要清除早餐的残渣、整理房间，或者把脏衣服放进洗衣机。我知道自己并没有专心在听力奇说话，因此，对我而言，最好还是对他说："你可

1　贝尔奎斯·西卡（Bilquis Sheikh），《我敢叫他父亲》（*I Dared to Call Him Father*），（金斯威出版社，1978），第40—41页。

以给我十分钟先整理一下吗？"但实在没有时间的时候，我就要竭力克制自己，停下手中的事情，看着他，将我的全部注意力集中在他身上。

如果有很多背景噪声的话，要倾听他人讲话也会很困难。

力奇 如果房间里开着电视机的话，我发现自己几乎不可能专心听别人讲话。同样地，房间内的其他谈话或是标题很有趣的报纸也能轻易让我分心。

但是，比起电视或报纸来，一个更大的障碍是，我们常常无意识地将谈话时间用在倾听**自己**上面。就好像我们里面有一个打开着的电视机，不断牵扯我们的注意力。对方的话总能触发我们自己的各种想法和记忆。

假如丈夫说："我今天和克里斯讲话了，他母亲刚刚去世。"立刻，我们就开始想到如果我们自己的父母亲过世了会有什么感觉。假如妻子说："当我开车回家的时候，花开得好漂亮……"我们的心立刻就会充满沮丧的想法——花园里有多少事情要做啊！这样，我们自己的想法和回忆会妨碍我们聆听，以至于我们接下去的一句话可能就与对方所说的没什么关系了。

要想不在自己的脑海里进行独立的谈话可能非常困难，特别是当我们很忙碌、心里很满的时候。我们的目的应当是将我们的观点和事情先放在一边，努力地去抓住对方所讲的内容。斯蒂芬·卡维强调了这样做的重要影响：

> 假如要我用一句话来概括自己在人际关系领域所学习到的最重要的原则，那就是：先求了解人，再求被了解。[1]

---

1 斯蒂芬·卡维（Stephen Covey），《高效能人士的七个习惯》（*The Seven Habits of Highly Effective People*），（西蒙和舒斯特出版社），第237页。

值得玩味的是，中文繁体字"听"（聽）这一字不仅包括眼睛、心、头脑等符号，还包括耳朵这一符号。

表示兴趣

如果我们下定决心要使自己对别人的话产生兴趣，那么我们就会仔细地聆听，否则我们就可以轻易地停止聆听。一位女士告诉我们她去看望她母亲时所发生的事情。她很想和母亲谈一些重要的事情，比如人生意义等。可是她的母亲却更热衷于谈论一些世俗琐事，比如白薯的价格、邻居家的狗或者近期的一档电视节目等。这位女儿很快就停止聆听了，心里想着她母亲的生活真是无聊。

然后，有一天，她忽然意识到，**这就是母亲的生活**。这想法让她怔住了。她回忆道："我对自己说，'母亲总是对我所做的每件事都很感兴趣'。我突然意识到自己对她不够宽宏。因此，我就开始刻意地去表现出兴趣，去听她说话，这也大大地改善了我们之间的关系。"

人与人之间难免会有各种不同的兴趣。努力地去聆听那些令他人感到有兴趣的事情是表达爱意的一种强有力的方式。作家和演说家戴尔·卡内基这样描写一个良好的健谈者所具备的技巧：

令人感兴趣，对人感兴趣。问他人乐于回答的问题。[1]

聪明地聆听

回顾和讲述一些过往的伤害或者一个长久不得解决的问题不是一件容

---

1 戴尔·卡内基（Dale Carnegie），《人性的弱点》（*How to Win Friends and Influence People*），（西蒙和舒斯特出版社，1964）。

易的事。很多人可能会绕过这个话题或者只是幽默地暗示一下。因此有时候，我们需要聆听对方话语**背后**的意思才能发现隐藏的问题。一个良好的聆听者能够有勇气在合适的时间用温和的问题引导对方讲出自己的问题。

我们必须给彼此足够多的说话时间，因为我们常常不能完全明白为什么自己会有某种感受。清楚地说出我们的痛苦会帮助我们开始正确地看待问题。不要害怕沉默。对一些人而言，沉默能让他们有时间整理自己的思绪，安静地等待则表示我们对他们的关心。

不加批评地聆听

沟通因着彼此接纳而越加深入，也会因为互相批评而终止。我们需要在聆听时不自我辩护，也不插嘴。假如我们能够了解丈夫或妻子的感受，那么至少我们离解决难题就又近了一步。

通常，当我们觉得感情受到伤害时，我们会告诉丈夫或妻子。我们的言辞可能会显得缺乏逻辑，而且互相矛盾。在表达的过程中，也可能会否定我们先前的感受。这时候如果听的人开始挑毛病找漏洞，那么他的聆听就完全地（也可悲地）失败了。

肯定对方的感受

用自己的话复述一下对方所说的非常有帮助，特别是当对方表达的是一些深刻的感受的时候。这能使我们的丈夫或妻子知道我们与他们处在同一个波长上面，并让他们知道我们已经正确地理解了他们的话语。

举个例子，妻子说："孩子们都快令我发疯了——他们整天都在哭，而且彼此争吵。"丈夫可以不立刻给出解决的办法，而用这样的话来确认她的感受："这一定让你觉得很难受吧？"

或者，丈夫说："我实在不知道我们该怎么使收支相抵，我没法挣更多钱。我真发愁。"他的妻子可以用这样的话来表示她聆听了他的感受："你的忧虑也是我的忧虑。让我们谈谈吧。"

又或者，妻子说："你突然告诉我可能要换一份工作，这让我很烦。我们还得搬家，一想到要和朋友们失去联系，我就受不了。"丈夫也一样，他需要表示出自己已经听到她的话，而且理解她的感受。也许，他可以这样回答："我没有想到你会担心和朋友们失去联系。"用对方的原话来复述至少暗示着我们刚才听了他们所说的话。

用这样的方式来确认对方的感受也许一开始会显得不自然、做作，但这是学习聆听以及建立情感上亲密关系的一个强有力方法。

力奇　几个月前，有一个带领者退出了我们的某一课程。虽然我的日程已经排得满满的，但是因为别无选择，于是我只好同意连续四个晚上自己来带这个小组。当我把这事告诉希拉的时候，我期待着她会对我额外所要付出的时间和工作表示些同情。但是她却跟我生气，简直不可理喻，至少在我看来如此。

　　几周以后，希拉开始告诉我，我没有事先与她商量就把这些有空的晚上给了出去，这让她很难受。听了她的话，我心里充满了自怜，立刻就开始为自己的决定辩护起来。事后我才意识到，真正的需要是去聆听并且了解她的感受。她感到受到伤害，觉得对我而言参加课程的人们比我们的家人更加重要。

当发生这样的情况时，聆听的目的应当是了解并且接纳对方的感受，而不去判断对方的对与错。

只在被问到的时候才给予建议

我们必须小心防备想要**解决**问题的欲望。提出建议常常会产生反作用，因为我们所需要的不是要找到一个快速的解决办法。急于建议会忽略对方的感受。探索我们感受的过程以及以接纳和体谅的心态聆听对方的感受，**这就是解决的办法**。如果我们的丈夫或妻子需要我们的建议，他们通常会主动问我们的。

学会彼此聆听能够完全地改变我们的婚姻。许多参与**美满婚姻课程**的夫妇都如此评价聆听所带来的改变：

- · "我们能够更好地聆听，而且也不觉得需要彼此怪罪。"
- · "我学会了去聆听我妻子真正的需要是什么。"
- · "这帮助我们带着富有同情心的耳朵去彼此聆听。"
- · "我俩的聆听水平都有所改善。现在我们能让对方把话说完。"
- · "我学会了用新的耳朵来聆听。琐碎的事情是重要的。"

结 语

在牛津大学工作的社会学家黛安·沃恩十年来致力于研究婚姻失败的种种理由。作为结论的一部分，她写道：

这起始于伴侣中有一方开始觉得二人有所疏离。起先，他会尝试隐藏这种不满，假装它不存在或以为它会自动消失。但是，这种感觉反而变得更加厉害。过了些时间，他会开始用一些模糊的暗示或抱怨来尝试向另一方传递这种不满，但这些暗示或抱怨几乎总是会被对方忽略或者漠视。[1]

换句话说，十年之久的研究显示，几乎在每一个破裂的婚姻中，都存在沟通上的失败。

婚姻中，有效的交流和有效的聆听是无可替代的。两个有着独立思想和独立感受的个体走到一起并且成为一体，我们无法阅读也无法看见对方的心灵，因此，沟通就是将二人联系起来的桥梁。如果未能良好地沟通，我们就会收起吊桥，退回到自己的孤堡中去。但是，如果我们选择去沟通，就是放下吊桥，邀请对方进入我们的世界，允许对方进入我们的隐秘之地。

·婚姻黄金法则第二条·
保持彼此交流和彼此聆听。

---

1 戴安娜·沃恩（Diana Vaughan），《分离：亲密关系的转折点》（*Uncoupling: Turning Points in Intimate Relationships*），（牛津大学出版社，1984）。

第三部分
将爱付诸行动

SECTION 3
Love in Action

THE MARRIAGE BOOK

第五章　爱的五种表达
The five expressions of love

没有爱的付出是可能的，没有付出的爱却是不可能的。

——佚名

有人问一群孩子，人们为什么会坠入爱河？一个九岁的孩子回答道："没有人确定地知道这是怎么发生的，但是我听说这与你身上的味道有关，这就是为什么香水和爽肤水那么受欢迎的原因。"另一个八岁的男孩则有一套不同的理论："我想你应该先被一支箭或什么东西射中，射中之后好像并不很疼。"七岁的加里相信爱不仅与一个人的外表有关："其实也不光是看外貌，比如我吧，我这么英俊，但是到目前为止还没有人嫁给我。"

像孩子们一样，有些成年人对爱的真谛也同样一无所知。伴随着他们的成长，他们逐渐相信爱情就是一种几乎无法掌控的情感。这一信念一直被许许多多流行歌曲的歌词强化着。在我们的孩子们十几岁大的时候，有一次他们偶然发现了我们所珍藏的（对他们来说实在是太有意思了）一些六十年代的唱片，其中有一些这样的词句：

　　在舞曲结束前

　　我知已爱上你

　　而我不知所措

就柔声低语道：

"我爱你。"

迷恋，可能会因为真实地了解一个人而产生，但也可能会仅仅因他的外貌而怦然心动。它来得快去得也快，来得神秘去得也神秘。人们往往把迷恋说成是爱的全部——对爱情的普遍认识已经被大大地缩减到只剩下**感觉**了。

但是，有另外一种爱情，是经过深思熟虑的，并且经过长时间的培育。在路易·德·伯尔尼埃的小说《战地情人》中，埃尼斯医生向自己的女儿描述了这样一种持久不变的爱情：

> 爱情不是让人屏住呼吸，不是让人兴奋异常，也不是什么海誓山盟；爱情不是让人时刻都沉湎于性爱的欲望，也不是晚间躺在床上想象着他在亲吻着你身上每一寸的肌肤。不，不要害羞。我要告诉你一些真相。那些只是"恋爱"，傻瓜都会的。然而我要告诉你，爱情是当恋爱的激情燃尽之后所余下的……你母亲和我就拥有这样的爱情。我们像两棵树，树根在地下都向着彼此生长，当枝条上所有繁花落尽时，猛然发现：原来我们不是两棵树，我们原本是一棵。[1]

有些人是因着迷恋而进入婚姻的。他们以为那些令他们相互强烈吸引的感觉足以维系他们的婚姻。但最终，无可挽回的是，迷恋会渐渐消失。这时，如果双方都不知道如何培育一种可以随着时间流逝而逐渐成长的爱情，那么他们的根就无法彼此相互盘结，婚姻也将会枯萎。

与其说是一个抽象名词，倒不如说是一个具体动词。爱必然包含着行动。这意味着要付上代价、去主动满足别人的需要。在婚姻中，这可能意

1　路易·德·伯尔尼埃（Louis de Bernieres），《战地情人》（*Captain Corelli's Mandolin*），（塞克和瓦尔堡出版社，1994），第281页。

味着要出于爱心替对方洗碗，尽管我们心里想着要去看电视；或者意味着坐下来与我们的配偶倾谈，尽管我们心里想着要去继续工作；或者意味着当我们得知对方这一天过得很不好时去拥抱他一下。只有**这样的**爱情才能使婚姻关系得以持久，使婚姻关系不断成熟和稳固。

在实际生活中，我们可以通过五种方式主动地向我们的配偶表达爱意：

- 爱意的话语
- 恩慈的行为
- 优质的时间
- 精心的礼物
- 身体的爱抚

在盖瑞·查普曼的书中，这些将爱付诸行动的方式被称为**爱的五种语言**。在这本畅销书中，查普曼用语言作比喻来研究我们交流爱、理解爱的不同方式。[1]作为一个从业多年的资深婚姻咨询专家，他发现，正如我们

1　盖瑞·查普曼（Gary Chapman），《爱的五种语言》（*The Five Love Languages*），（诺斯菲尔德出版社，1995）。

每个人都拥有说起来或是理解起来都轻松自如的母语一样，我们每个人也都有一种**爱的第一语言**，可以让我们最为轻松地听懂爱情。

这五种都是表达爱意的重要方式，但哪一种最有效呢？丈夫也许时常会向妻子赠送**礼物**，但是她也许最想要的是听到他说一些温存的**话语**，如此她才会感受到被疼爱。妻子也许会为着丈夫在家里辛勤工作，但也许丈夫所需要的是能够常常得到妻子**身体上的爱抚**，这样才能感受到被关爱。

在所有的需要中我们最深的需要就是知道有人爱我们，对我们的配偶来说，我们很重要、很独特。因此，我们必须问问自己："怎样才能让我的配偶感到被深爱着呢？"倾谈或者细心观察往往可以帮助我们找出答案。我们有一个结婚多年的朋友，他说，要想有一个幸福的婚姻，丈夫和妻子就必须要"研究彼此"。这样做的话，我们就会得到一些重要的、有时甚至是出人意料的收获。

在蜜月中，我们会有许多不用说什么就能向对方表达爱意的浪漫方式。但是，如果两人不说同一种语言，那么日子可能就过不下去了。假如我们从未发现或弄清楚配偶的爱的第一语言（很可能也包括他们的第二和第三语言），那么每一天的爱情就会是天方夜谭。

> **力奇** 我已经意识到，对希拉而言，时间和爱抚最能够传递爱意。而对我而言，话语和行动则最为重要。因此，如果我只把时间和爱抚给了我的电脑而不是希拉，那么这对我们的关系来说将是一场灾难。而希拉如果只将爱意的话语和行动给了我们的孩子而不给我的话，那么后果也将是同样不堪设想。

在弄清楚那些让伴侣感受到被爱的方式以后，我们就必须下决心将这些落实在实际行动上。一开始，这也许会显得不太自然。但是，和学习一门外语一样，需要时间、毅力和大量的操练。有些人家庭成长环境里根本就没有或很少有身体上的爱抚，因此他们就不会自然而然地、主动地给予伴侣身体的爱抚。但是，这一爱的表达方式是可以学习的。而且，假如这是令我们的配偶感受到的被爱的方式，那么这样做也是至关重要的。对于另一些人来讲，在他们的成长过程中从来就没有听到过充满爱意的、肯定的话语。在这种情况下，假如充满爱意的、肯定的话语对他们的伴侣尤其重要，那么他们就需要操练这种表达方式。越操练，就越轻松自然。

之所以详细叙述这五种爱的表达方式，是因为我们从自己的经验深知，这是一项简单朴素而意义深远的生活原则，是任何一对夫妻都能够用来使彼此的关系更加稳固、幸福的原则。在我们所认识的人当中，有无数对夫妻在最初的迷恋消退多年以后，仍然彼此深深地眷恋着。这是因为在每一年中，他们都无数次地用对方最能理解的方式来彼此表达深深的爱意。

可惜的是，有一些夫妇从未发现什么可以让自己的伴侣感受到被疼爱。他们可能也在研究对方，却是抱着错误的动机——想要评论对方，而不是去发现彼此的需要。在一篇名为《爱情的双眼》（*The Eyes of Love*）

的短篇小说中，我们读到这样一对美国夫妇——肯尼斯和香侬，他们刚参加完一个家庭聚会，坐在车上准备回家：

> 他虽然想要竭力克制自己，但已经是怒容满面了。"说吧，什么事？"他说道。
>
> 她没有立即回答。过了一会儿，她说："我累了。"她这样说，并没有转过来看他一眼。
>
> "不，真的，我想要听听。说吧，说出来！"他说。
>
> 现在，她才将身子转过来。"今天早上我就告诉你了。我不喜欢反反复复听那些故事。"
>
> "但它们并不都是一样的。"他说，心里感觉到某种不可遏制的愤怒。
>
> "哦，当然是一样的……真该给你妈妈发一枚奖章。"
>
> "可是，我喜欢这些故事，妈妈也喜欢，每个人都喜欢。你的爸爸和姐妹们也都喜欢。"
>
> "又来了。"她嘟囔着，视线瞟向别处："我现在只想回去睡觉。"
>
> "你知道你的问题是什么吗？"他接着说，"你是一个**批评者**，这就是你的问题。每一件事都要你去评价、去评论。即使是对我。特别是对我！"
>
> "你？"她说道。
>
> "是的。"他说，"我！因为这根本就不关我爸爸什么

事，而是我们出了问题。"

照肯尼斯的说法，无论是谈到这个晚上，还是他父亲讲故事，或是对待他，她都是一个批评者。对话又继续下去：

> 他安静了一下，但仍然愤愤不平。"你知道你的问题是什么吗？"他说，"你没有用**爱**来看事情，只是在用**脑子**评论。"

> "随便你怎么说。"她说道。

> "什么事都锁在你的**脑子**里。"说完，他狠狠地吸了一口烟，然后便把烟掐灭在烟灰缸里。

> 他发动了引擎。"那两个住在我们家后面的人，你认识吧？"此刻，他的心情仿佛平稳了许多。

> 她的眼睛湿润了，盯着他，这让他觉得自己非常厉害而且十分快乐。

> "你认识吗？"他再一次问道。

> "当然认识。"

> "好吧。前几天，我又看到他们。他在院子里的样子——还记得吗？我们整个夏天都在取笑他们。比起他那么痴迷野草，反复修剪，我们实在太**聪明**了。"

> "你觉得我们现在谈论这些人很重要吗？"

> "我正要告诉你一些你需要听的东西。"肯尼斯说。

> "我现在不想听。"她说，"我已经听了一整天，不想再

听了。"

肯尼斯朝她吼道："我就说这一句话。如果你不想听，那么我今年都不会再对你说一句！"

她一言不答。

"我告诉你，那个男的手里拿着塑料袋，跟在狗的屁股后面捡它的粪便。他的老婆在修剪他们的灌木丛。她在那修剪的时候，我就感到我可以猜出她心里在想什么，尽管她脸上什么表情都没有。但是我实在太**聪明**了，我们一贯如此，你知道的，香侬。我实在太聪明了，竟以为完全知道她在想什么。对这些我们并不熟悉、不屑于与他们交谈的人，我以为我对他们心里在想些什么了如指掌。"

"取笑他们的人是你。"香侬说道。

"让我把话说完，"他说，"我看见他妻子从院子的一头看着他，我似乎可以听到她的心里话：'他又在捡狗大便，我实在无法忍受，一分钟都受不了！'其实，这并**不是**她所想的。因为很快她就走过去帮忙了，甚至还指点着几处他所遗漏的地方。然后，他们就手挽手拿着狗大便进到屋子里去了。你知道我想说什么吗，香侬？那个女人看他的时候带着爱。她不像我那样看人——她没有做任何批评。"

最后，肯尼斯和香侬停止了争吵。

争吵结束了，他们又言归于好。她伸出手，在他的前臂上轻轻地、温柔地捏了一下。他握住她的手，也捏了回去。接着，他把两只手放在方向盘上。远远地，他们已经可以看见自己的公寓了——沿这条街道下去、在马路的左边。他转过脸来，看了她一下——这就是他的妻子，笼罩在阴影和昏暗的光线中。很快，他又将视线投向前方的马路。忽然之间，刚才那不经意的一瞥让他觉得有些恐惧。好像他在勾勒自己妻子嘴唇以下那令人不快的轮廓：下巴太分明、曲线太突出。整个形象头发蓬松凌乱，衣衫不整——一时间她就像一个完全陌生的人，真无法想象会有人，一个别的男人，其他什么男人，像他一样的男人，会觉得她身上有什么可爱之处。[1]

当故事进入尾声，我们发现，与那对住在他们家后面的夫妻不同，肯尼斯和香侬已经变成了彼此的批评者。我们种什么，就收什么。"你没有用爱来看待任何事情。"肯尼斯如此说。但是，他也没有用爱来看待她。在这个到处都是批评者的世界中，作为夫妻，我们需要真实地了解对方。不是带着批评的眼光，而是带着爱的眼光，去寻找那些能让我们的伴侣感受到被疼爱、被欣赏的东西。

在接下去的两章，我们将仔细讲述每一种爱的语言。在我们这么做的时候，请先问问你自己以下三个问题：

1　理查德·鲍什（Richard Bausch），《爱情的双眼》（*The Eyes of Love*），（麦克米伦出版社，1995），第258—259、261—261、264页。

· 我经常用这种方式来表达爱吗？

· 这是不是让我们的配偶感到被疼爱的最重要的方式？

· 对于我来说，这种爱的表达方式是否很重要？

在内心深处，我们很容易会期待配偶本能地知道我们的需要，如果这些需要未能得到满足，那么我们就会觉得自己受到了伤害。我们总是倾向于用自己喜欢的方式来表达爱意。不管我们怀有多么好的初衷，假如我们的配偶与我们的需要截然不同，那么一切也就都失去了意义。

我们可以令婚姻停滞不前，也可以抓住机会去创造幸福美满。如果想要获得一种真实的亲密感、真正地享受彼此的话，那么我们就必须要用一双满怀爱意的眼睛来认识彼此，恰当地使用我们的言语、行为、时间、金钱和身体，来有效地进行爱的交流。

第六章　话语和行为

Words and actions

良言如同蜂房，使心觉甘甜，使骨得医治。

——《箴言》

哪里缺少爱，就种下爱，很快，你就会收获爱。

——圣约翰

充满爱意的话语

尽管一首儿时唱的歌谣说："棍棒石头伤我身，话语不能伤我心。"但是这只能在物理世界中才成立。话语是有能力的。

研究表明，话语对于人的行为和能力的影响非同一般。如果老师说某个孩子在数学上没有天分，那他很可能就会在数学这门课上表现得非常糟糕。相反，如果老师对某个孩子说他有写作的天赋，那他很可能就会成为一名有抱负的小说家。人们总是要朝着别人所期望自己的方向发展。

这个研究对于在婚姻生活中，我们如何说话有着重要的意义。我们需要保持关爱、温柔和尊敬的口吻，避免指斥对方；也需要防止，无论是在家里还是在家外，不尊重地开对方的玩笑对婚姻产生的巨大破坏作用。

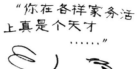

用话语使对方感受到被爱，是指要借着话语来肯定对方。这涉及我们如何表达称赞、如何说"谢谢你"、如何鼓励对方、如何表达善意以及如何提出请求。如果我们不会有技巧、有礼貌地说出这些话，那么这将使我们的婚姻伴侣容易陷入一些外来的诱惑。以下是一首诗的节选，由诗人埃拉·惠勒·威尔科克斯写于一百多年前。这首诗是一位妻子对自己为何会发生婚外情所做出的解释（但不能成为借口）：

我们，

始于一个起点，一个生命。

可是每一天，

我们却越发疏离。

起初的浪漫已经枯死。

你的言谈，

只有经济和政治。

你的思想，

只有工作、俱乐部和追求金子。

生活中，热情和兴奋尽然消逝。

一直到，

命中注定的那一天，

阴暗抑郁的天气，

忽然变得明亮而美丽。

我寡言少语，他却听得仔细，

眼中有对我的关注，

话语中有对我的爱护。

我不再感到孤单无助，

只因他在乎我。

他夸奖我梳的头发，

也赞美我穿的裙子。

似乎有数千年之久，

我未曾被如此关注。

假使我的耳朵常听到这样的赞美，

就不会感到如此软弱无助。[1]

事实上，用语言来向彼此传递爱意有许多种不同的方式。

表达赞美

如果在成长过程中不常听到赞美，那么我们也许就会不太容易接受别人的赞誉，更别提要去赞美他人了。但是，表达赞美是可以学习的。赞美

---

1 埃拉·惠勒·威尔科克斯（Ella Wheeler Wilcox），《一个对丈夫不忠的妻子》（*An Unfaithful Wife to Her Husband*），摘自查尔斯·梅兰德（Charles Mylander）的《闯红灯》（*Running the Red Lights*），（加利福尼亚，文图拉：里格图书，1986），第30—32页。

能够使我们去注意配偶身上那些令我们敬佩和欣赏的方面。许多人认为这些想法微不足道、不值一提，因而就将它们紧锁在心底；或者觉得对方已经知道我们爱他们，因此说出来也是多此一举。但是，我们在婚礼上都讲到要珍重彼此，而赞美就是我们珍重对方的一种极佳的方式。表达赞美，是我们每个人都可以学习的。尝试着去表达以下这些简单而直接的赞美：

> "你穿那套衣服很好看！"
>
> "那次的聚会你组织得很棒！"
>
> "你总是能够说出很得体的话，这真让我佩服！"

表达感谢

向一个人表达感谢可以让他感到自己是有价值的，是重要的。一旦天天生活在一起，我们往往就会忽视伴侣为我们所做的许多事情。有些事情是日常琐事，而有些则需他们悉心照顾且付出许多努力。

"谢谢你把垃圾拿出去"，或者"谢谢你把我的裤子送到洗衣店去"，这样的感谢听上去很平凡，却很重要，因为它们表达了我们对这些小小爱心举动的认可。"非常感谢你记得我妈妈的生日"，这句话表达出我们对对方的赞赏，而不是将对方的举动视为理所当然。"谢谢你在汤姆的生日晚会上处理得这么好！要是没有你，我肯定弄不好！"这表达出你对对方的感激。

表达鼓励

另一种正面使用语言的方式是表达鼓励，就是在彼此心中激发起**勇气**。我们所有人的生命中都有一些软弱之处，让我们感到缺乏勇气。鼓励是我们力所能及的，可以帮助我们的配偶发挥出自己的潜力。相反，如果我们批评他们，我们的话语将会逐渐地夺走伴侣的自我价值和自信心。当我们表达鼓励的时候，我们是在说："我完全相信你。"

> **希拉**　结婚以后，在我生命中的许多方面，力奇都鼓励我，激发我去做许多我本来很可能不会去做的事情。作为一个全职母亲，力奇的话会给我带来很大影响。他给了我自信和自尊，特别是在这个母亲的角色被大大贬低了的年代。

细心体贴

细心体贴的话能够成就一个人；反之，不合时宜、欠考虑的话会在关系中造成巨大伤害。

> **希拉**　在我们自己的婚姻中，我不得不学习如何谨慎自己的言语。我喜欢在一件事情发生以后立刻就进行讨论。我们刚结婚的时候，我几乎没什么概念要在一个合适的时机向力奇表达自己的观点，特别是不要在他比较脆弱敏感的时候。

一段时间以后，我才意识到周日午餐时间不是一个分析力奇的工作能力的最好时间。我发现，至少得等到第二天，他变得比较客观时才比较合适。

即使那样，我仍然需要谨慎选择所要说的话。我并不是在鼓吹华而不实的奉承，但是要使我们的话语友善、肯定、能激励和助力对方，这需要有意识的努力。这么多年来，我已经意识到这样的话语对力奇而言有多重要。对他而言，肯定性的言语是他感受到我爱他的关键方式。这样的话语给了他自信的基础，进而影响到他生活的方方面面。

"你又把我们的结婚周年纪念日忘了！"

提出请求

在婚姻中，提出要求与提出请求有着天壤之别。当我们向配偶提出请求时，我们是在肯定他们的价值和能力。但是如果提出要求，我们就会在家中变得偏执而专横，而且自己常常不会意识到。要和这样的人一起生活并不容易，也不会令人感觉愉悦。当我们将伴侣以及他们的恩赐和能力视为理所当然时，我们就会变得苛刻。

希拉 力奇是一个非常实际的人。我们家中有什么需要修理，他总能应付自如。但是有时候我会变得得意自满。有一次，我对他这么说："你还没有把那个孔修补好，是吗？明天，我要用自行车的。"其实，有一种更好的表达方式是："力奇，你能在明天之前把我自行车轮胎上的那个孔修好吗？"其实这样的请求为他提供了一种可能性，就是借着回应我的请求来表达他对我的爱意。如果是提出要求的话，则就会将这一可能性排除掉了。

假如言语上的肯定对你的配偶特别重要，而他们已有一段时间未曾听到这样的肯定，那么他们很可能正处在情绪的低潮期。如果这时他们能从你这里再度听到这样的话语，他们就会像在沙漠中遇到一片绿洲一般。随着我们学习用语言建立我们的伴侣关系，我们将会在婚姻中达到一个爱和亲密感的新层次。我们所使用的言语能够天天更新我们的爱。批评和自怜是强有力的分离器，肯定的言语则是强有力的黏合剂。

恩慈的行为

当我们用一些特别的方式来服侍配偶时，就是在向他们表达恩慈。在婚姻生活中，这可以有许多不同的表达形式：冲一杯咖啡、扔垃圾、清洗汽车的挡风玻璃、做一个对方爱吃的蛋糕、熨烫一件衬衫。当然，这些例行的日常事务也许会被视为理所当然，但是当我们心甘情愿地去做时，这些事就常常表达着爱意。然而，对那些能从恩慈的行为中感受爱的人来说，一些日常之外的贴心关怀会更强有力地传递爱。

力奇　许多事情我至今记忆犹新，都是希拉为我所做的那些出乎我意料的事。每当我要出门远行、面临诸多压力的时候，都是她在为我准备行囊。每当我聚精会神准备一篇演讲时，她总是把茶点端到我的书房。有些紧张和压力是我自己造成的，因为我承担了太多的工作。但是，希拉的体贴入微却让我感受到自己被深深地爱着。

结婚这么多年，我总是能够因着希拉为我所做的一切事情而感到惊讶和兴奋，不管她为我做的是日常琐事还是一些特别的事情。有时候，我真会纳闷为什么她能做得这么好。而每次，我所能想到的唯一答案就是她爱我！

在《战地情人》一书中，埃尼斯医生成功地治愈了一个名叫斯德马提斯的老年人。他从这位老人的耳朵中取出来一粒干豌豆，治愈了老人自小就有的耳聋。可是后来，斯德马提斯又回到医生那里，请求他再把豌豆塞进他的耳朵，因为他实在受不了他妻子一刻不停的唠叨。埃尼斯医生拒绝了他的请求，给了他另外一种选择。他为他妻子的唠叨推荐了这一疗法：

"我的建议就是对她好一点。"

斯德马提斯感到非常震惊。对他而言这一做法实在太难以想象了，以至于他从未想到过要这样做。"但是……"他实在有些不情愿，却又找不到什么别的话。

"在她叫你把柴火拿进来之前，你就先把柴火收进来；每次从田间回来时，给她带一朵鲜花；如果天气冷，就把披肩搭在她的肩膀上；如果天气热呢，就给她送去一杯凉水。就这么简单……"

"那么你就不会把这个……呃……这个争强好胜的小奇怪（指的是那粒干的小豌豆）放回去了？"

"当然不。这有违希波克拉底誓言（有关医生的天职的誓言）。我可不能这样做。顺便告诉你，'极端的疾病需用极端的疗法。'这句话就是希波克拉底说的。"

斯德马提斯看上去有点沮丧："希波克拉底这么说吗？我必须要对她好一点吗？"

医生慈父般地点了点头，斯德马提斯又把帽子戴到头上……医生从窗口看着这个老人。斯德马提斯走到路上，开始准备离开。但他又停了下来，看着路边一朵紫色的小花。他弯下身要去摘这朵花，但是立刻又直起身来。他四下里看看，要确定没有人在看他。他装作束腰带的样子，拉了拉腰带。在这当口，他瞪了瞪那朵花，向后转过身来。他本来是要走开的，但又停了下来。就像一个要干小偷小摸勾当的小孩子一样，他忽然冲了回去，一把扯下那朵花，藏到自己的大衣里面。然后，带着一副过分夸张的、俨然什么事未曾发生的样子迈开步伐。医生将身子探出窗外，朝他喊了一声："好样的，斯德马提斯！"——想想那老人那尴尬、害羞的样子，他就是想逗逗他。[1]

在稳固的婚姻生活中，丈夫和妻子都会寻找机会去关怀对方，并且会为对方所做的事情而表示感谢。当夫妻双方生活都很忙乱时，我们会本能地想到："为什么他不来帮助我呢？"但是，如果我们的伴侣主动问我们："我可以帮你做点什么吗？"或者自发地去做那些我们所不喜欢做的事情，那就是在准确无误地"将爱付诸行动"。

一位朋友如此描述这种舍己之爱的行为对她所产生的影响：

> 我的丈夫常常很早就必须离家去上班，甚至早到我和孩子们还没醒的时候。通常，当我们下楼来的时候，洗碗机已经被清空了，早餐也已经摆在桌子上了，而且他还给每个孩子都留下一点小小的惊喜——不是什么特别的东西，比如蛋碗里面放一颗豆形软糖或者一点奶油冻什么的。每当此刻，在我走进厨房的那一瞬间，我几乎能感到心里非常暖和，感到我们三个人的关系好像在早晨一开始就往前跨越了一大步似的（有些时候，这种好心情会弥漫在整个早餐时间）。但我所要面对的另一个挑战是：如果洗碗机没有被清空、早餐也没有摆在桌子上，我仍然会有那份愉悦的心情。我们彼此都很确信我们在深爱着对方。

---

1 路易·德·伯尔尼埃（Louis de Bernieres），《战地情人》（*Captain Correlli's Mandolin*），（塞克和瓦尔堡出版社，1994），第43—44页。

第七章　时间、礼物和爱抚

Time, presents and touch

归根结底，爱就是舍己。

——简·阿努伊[1]

优质的时间

最近，我们有两个朋友从澳大利亚回到伦敦。他们乘坐的航班在途中延误了，所以两人就在香港机场整整待了四个小时。其间，他们只能读读报纸、看看杂志、带着他们的小女儿玩耍，以此来打发时间。接着，他们就又一起在飞机上肩并肩地坐了十二个小时。

在从机场回家的路上，丈夫对妻子说："我最近很想念我们二人独处的时间，我们必须再把它安排到日程中来。"他的妻子听了大吃一惊，问道："你是什么意思？我们刚刚一起过了十六个小时！"但是，她的丈夫需要的更多。他需要一段时间、一个地点，能够让他和他的妻子将注意力完全地给予对方，不会有任何事情让他们分心，也不用担心飞机何时起飞或者他们何时才能到家的时间。

正如我们在第二章中所讨论的，每一对夫妇都需要定期地花时间在一起。但是对于有些人而言，这一优质的时间是他们首要的**爱的语言**。如果

1　简·阿努伊（Jean Anouilh），1910–1987，取自《阿德拉》（*Adela*），1949。

是这样的话，这种令他们极度渴望在一起的感觉绝不仅仅是身体上的近距离接触。这是一种需要，是一种饥渴，是一种被对方全然关注的渴望。

力奇　对希拉而言，周遭的环境和活动都比不过我花时间和她在一起、与她谈心、听她说话、一起讨论各种想法，以及分享各种希望和担忧。这些定期在一起的时间使她能够面对生活中各种压力，因为她对我们之间的爱充满信心。我发现，如果在每周我们在一起的时间中，我能够设法安排去一个不大可能遇见熟人的地方，我们在一起的时间的价值会大大增加，甚至比翻倍还多。

在第二章中，我们写道，我们每年都有单独出去，在外住宿两到三晚的计划。在过去的两年中，我们去了巴黎。我们一起花时间探索这个城市、参观各个画廊以及在小餐馆里就餐。每次在外的两到三天都充满了浪漫和乐趣。但对希拉来说，这一切深深让她感到自己被爱着。甚至我们回来以后很多天，她都始终被这种快乐和幸福感充盈着。我越来越感到，这些假期是我对婚姻所能做的最好的投资之一。

我们大部分人都不会被呼唤去为对方舍命，但是我们可以通过定期地为对方舍弃自己的时间来表明对配偶的爱。

也许，这意味着我们在下班回来后要花半个小时听听对方讲一天过得怎样；也许，这意味着早上早一点起来，可以有两人在一起的时间；也许，这意味着我们不怕麻烦地和对方一起吃顿中饭；也许，这意味着安排一下孩子们，好让我们能够单独地享受二人独处时间。将爱付诸行动需要付上努力和牺牲，但是其回报将远远超过我们的付出。

精心的礼物

赠送礼物是一种基本的爱的表达方式，这一方式超越了所有文化上的障碍。礼物是看得见的标记，带着强烈的情感价值。对于我们中有些人而言，这些标记实在很重要，以至于生活中若没有这些，我们就会怀疑我们到底是否被爱。一个善于**赠送**礼物的人很可能也喜欢**收到**礼物。如果你和妻子都有这样的渴望，那么就需要练习这种表达的艺术。

这一爱的表达方式是五种表达方式中最容易学习的。但是，我们需要留意一下自己对待金钱的态度。如果我们本身就是一个**花钱的人**，那么这对我们来说不会有什么困难。但是如果我们是一个生性**节俭的人**，那我们可能很难接受将金钱作为爱的表达方式这一想法。这并不是慷慨与吝啬的问题。

> **希拉**　力奇是我所认识的为人最慷慨的人之一，但他天性是一个节俭的人。他从来不会轻易花钱给自己买一些非必需品，所以我知道让他给我买这样的东西会对他来说很困难。但是，他已经发现，礼物是我们关系的一种投资。对我而言，礼物不是最重要的爱的语言，但是如果当力奇回家的时候，他主动买花或巧克力送给我，或带一些花或者巧克力回来的话，特别是不在我生日或我们结婚纪念日的日子里，就会再一次让我感到他爱我，心里一直想着我。

以下是一些值得思考的、有关买礼物的指南：

> 礼物可以是便宜的——却有着很高的价值。比如，一朵从花园里摘来的花，加上一张小纸条，它所表达的爱意与一束从花店买来的花同样强烈。

> 不要等到正式的场合。自发的、令对方出乎意料的礼物

能够给礼物的接受者带去无比的喜乐和一种感到自己很特殊、很被爱的强烈感受。在一些特殊时刻，比如一方生病、处在压力之下、在工作中遇到困难等情况时，礼物能够让他们振奋起来。反之，假如我们的配偶做了什么对我们特别有帮助的事情，送给他们一份礼物则表示我们对他们的付出心存感激。

"这是我从国家美术馆弄来的。"

发现伴侣最喜欢的礼物是什么。这些年来，无论是从我们手中，或是从他人手中，我们的配偶特别喜欢收到的礼物是什么，观察这一点是非常值得的。如果我们一起出去，我们可以用心记一下他们在商店橱窗前所注目的东西。

希拉　这么多年来，我们一直在收集各种不同种类、不同图案的蓝白瓷器。有一次，力奇送给我一对很大的蓝白色早餐杯。这两只杯子已经变得很有特殊意义了。我总是能从它们回想起某个周六早上一顿长长的、从容的早餐。每一次我们使用它们的时候，我就想起力奇为我选这两只杯子所传递的关爱和体贴。

可供选择的礼物是不计其数的。想要成为一个善于赠送礼物的人的关键就是：我们所赠送的礼物必须是对方喜欢的，而不是我们自己喜欢的！

我们可能会觉得这一爱的表达方式过于物质主义或流于肤浅而轻易放弃。但是，我们每一个人都是独特的。有一个丈夫，并不在意礼物的意义，但是结婚一些年后，他才发现礼物对于他妻子感受到被欣赏、被爱来说有着重要意义。他起初不怎么注意礼物的包装以及赠送礼物的方式，即使注意的话也是比较随便。但他现在意识到，在如何送礼物上花费的心思对妻子来说是与礼物本身一样重要的。

假如我们的配偶要求我们每周送一枚钻戒或是一辆跑车的话，我们当然可以质疑这样做有没有必要，但同时我们也不能用礼物来搪塞我们的伴侣，用礼物来替代彼此在一起的时间或一起解决遇到的麻烦。我们选择礼物时所付出的时间和心思会让一份礼物变得可贵。一份合宜的礼物所带来的美好远超礼物本身的价值。

"珍妮特，我以为你想要一个新的汽车保险杠。"

身体的爱抚

> 许多夫妻实际想要的是一个长久的拥抱或是在床上嬉闹一场，最后却弄成了装修一个新厨房或是去巴哈马群岛的旅游。[1]

每一个人都需要爱的抚摸。婴儿需要身体的爱抚才能健康地发育。罗马尼亚和中国的许多孤儿院照片可以提供大量的令人伤心的证据来证明这一点。特雷莎修女清楚地认识到爱抚的重要性。不管什么时候，只要是和

---

[1] 艾伦·斯图奇（Alan Storkey），《爱情的意义》（*The Meanings of Love*），（IVP 出版社，1994），第117页。

人们在一起，不管是婴儿、孩童或是因为不治之症而奄奄一息的老人，她都会拥抱他们、抚摸他们、轻抚他们。她知道，抚摸常常比言语更能有效地传递关爱。

身体的爱抚不仅仅是性爱的前奏曲，它是夫妻之爱的一个重要传感器。正如一位作者所写的："抚摸我的身体就是在触摸我的心，远离我的身体就是在情感上疏远我。"[1]对于那些在身体的爱抚中感受到被爱的人来说，拥抱能够解决他们一周以来所遇到的所有问题。而缺乏拥抱则会让他们产生一种孤立感、空虚感以及一种强烈的被拒绝感。假如我们成长于一个缺乏身体爱抚的家庭环境中，那么几乎毫无疑问地，我们需要学习操练如何用这种方式来表达爱意。另外很重要的一点是，如果夫妻中有一方自小缺乏身体的爱抚，而另一方并非如此的话，一开始的身体爱抚很可能会令人感觉有些尴尬，但是一定要坚持！

在婚姻中，爱抚可以有许多形式：手拉手、用手臂环绕对方的肩或腰、一个吻、一个拥抱、经过的时候轻轻触碰对方的身体、背部的按摩，以及各种能激发对方性爱欲望的前奏曲等。

希拉 我喜欢在和力奇一起走路的时候拉着他的手。虽然我知道某些场合，力奇无法很自然地和我牵手，但是他已经知道了，为了能够让他的妻子感受到被爱，他的这一点尴尬是值得的。

另外，多年的经验也已经让他知道，当我感到焦虑或担心的时候，他所能做的最好的一件事就是用双臂环绕我、抱着我、温柔地亲吻我。当他这样做的时候，我所有的担心都会消失得无影无踪。

---

1 盖瑞·查普曼（Gary Chapman），《爱的五种语言》（*The Five Love Languages*），（诺斯菲尔德出版社，1995），第107页。

性爱的抚摸和平常的爱抚都有着各自的意义和价值。但是我们应当认识到，一般而言，男人和女人在这一方面有很大不同。对于大部分女性而言，她们对身体上爱抚的欲望主要是来自于她们对爱，而不是对性的渴望。反之，男性则常常会将身体上的抚摸视为性爱的前戏，并很快就能激发起性欲来。

男女不同的反应方式可能会导致一个恶性循环。如果妻子得不到足够的关爱，她常常会在性爱上向她的丈夫封闭起来。而如果丈夫在性爱上得不到满足，那么他就很难对妻子柔情蜜意。常常，这种恶性循环的结果就是使性关系陷入僵局。性关系常常就是从这里开始衰败的。我们首先要找出原因，然后彼此交流，共同打破这一危险的循环。

对于某些人而言，他们对性爱的欲望和对身体爱抚的渴望这两者之间有一条细微的分界线，无法轻易地进行区分。

马太和佩妮是一对参加过**美满婚姻课程**的夫妇。当他们的第二个孩子出生以后，他们之间的关系变得非常紧张。佩妮不是很喜欢性爱，这让马太觉得很泄气。他试图说服她，结果却促使佩妮完全不再碰他，唯恐他将她的某些动作当作是一个性爱的鼓励。他越是想要性爱，她就越是变得不想要；而她越不想要，他就越想要。结果，他们的关系令人痛苦地呈螺旋形下降。马太感到困惑，不知道妻子为什么不想要他。爱抚是他主要的爱的语言，因此，这让他觉得自己不被重视，也不被爱。

与此同时，佩妮感觉很受伤害，而且很愤怒。她将他的坚持视为不敏感，认为他是在忽视她的情绪波动。结果，二人被一种彼此伤害、彼此责怪的循环所困住，以至于彼此完全没有了身体上的接触。

最终，在朋友们的建议下，马太向佩妮道歉，因他将自己的需要放在佩妮的需要之前，而她也原谅了他。然后，有大约两个月的时间，马太没有在性生活上提出要求。对于佩妮来说这是一个重要的信号，表明马太的道歉是认真的。而且这也给了她时间，让她的伤口得以愈合。结果，她又开始向他敞开。当他们之间沟通的线路畅通无阻后，他们开始再度亲近，彼此爱抚，而无须担心会引起误会。很快，佩妮就能接受马太的求爱行为，而且有时候，甚至自己也会采取一些主动。

假如身体的爱抚是我们配偶最重要的爱的语言，那么，当他们处在危机时期时，拥抱他们就是告诉他们，我们是多么在乎他们。而且，即使当危机过去很久以后，这些亲切的、温柔的爱抚仍会记在他们心里。

结 语

在婚姻中，很少有什么事情比了解令我们的配偶感受到被爱的方式、努力通过这种方式来爱他们更加重要。我们还需要记得，他们的需要很可能会随着时间的变迁或是环境的变化而改变。我们必须要接纳他们的需要并且学习做出相应的改变，按着他们想要的方式来传递我们对他们的爱，而不要试图去改变他们。

你知道哪一种是你的伴侣最喜欢的爱的语言吗？你自己的又是哪一种呢？首先，我们要做的，就是彼此沟通：在我们所做的事情中，哪一件最让对方感受到被爱；又有哪些事是我们没有做，因而让对方感受到被忽视的。

现在就行动吧！也许，这会使你对自己的配偶有惊人的发现。

·婚姻黄金法则第三条·
研究令你的伴侣感受到被爱的方式。

第四部分
解决冲突

SECTION 4
Resolving Conflict

THE MARRIAGE BOOK

第八章　欣赏我们的不同点

Appreciating our differences

从常理讲，玻莉与我根本不般配，但这一点对良好的伴侣关系是很重要的。

——弗兰克·穆尔[1]

变化必然伴随着麻烦，即使是由坏而好的变化也不例外。

——理查德·胡克[2]

力奇　我清楚地记得，当我七岁的时候，和一个朋友练习双人三足赛跑的情景。当时，我们要参加学校的运动会。在运动会开始前的那几周里，我们常用一条红手帕绑住我的左腿和我朋友的右腿，四处走动练习。开始时，简直是一种折磨：我们的步伐不一致，总是忘记哪一只脚要先走；我们摔倒在碎石路上，那条手帕也像在和我们的脚脖子开玩笑；我们甚至还发生过几次激烈的争吵。但是到了运动会那天，我们却可以跑得飞快，如同独自一人在跑一样。最后，我们赢了比赛！

从某种意义上讲，婚姻也有点像是在进行双人三足赛跑。要是我们有时候想独自奔跑的话，那么就会发生意外。按照《婚姻中的麻烦事》一书

---

1 弗兰克·穆尔（Frank Muir），《肯特州少年》（*A Kentish Lad*），（柯基出版社，1997）。

2 理查德·胡克（Richard Hooker），1554–1660，英国哲学家。

作者保罗·图尼尔埃的说法："分歧是完全正常的。事实上，这是一件好事。那些将婚姻经营得美满幸福的夫妻，都懂得如何正确看待分歧、致力于共同解决问题。"[1]

英国进行了一项调查，主要是分析引起英国夫妇争吵的主要原因。调查显示，在这些主要原因中钱财问题高居榜首；个人习惯（特别是不卫生）紧随其后；接下去则是子女、家务、性生活、父母和朋友。在情人节前两天，《泰晤士报》报道了这一调查。上面说道："一个最常见的争吵形式是夫妻双方先激烈争吵一番，接着便陷入冷战……"根据一位婚姻咨询专家的观点："在婚姻中，夫妻处理争吵的方式是他们的婚姻关系能否成功的一个唯一、最重要的信号。"[2]

婚姻将两个带有完全不同的背景、个性、愿望、观点和以不同优先顺序处理问题的人结合在最亲密的一种关系中，终此一生。与此同时，还暴露出人性中那些固有的自私本性：要按照我的方式、维护我的权利、认可我的观点、追求我的利益。

就这个问题，一位结婚仅六个月的女性说道，在婚姻中她对自己的认识远比对她丈夫的认识更令她感到惊讶："就好像有一面镜子竖立在我面前，让我看到自己是多么的自私。"虽然婚姻的亲密关系带来许多快乐，但是我们想要按自己喜好做事的自由也大大受到限制。

1 保罗·图尼尔埃（Paul Tournier），《婚姻中的麻烦事》（*Marriage Difficulties*），（SCM出版社，1971），第26页。

2 苏珊·奎勒（Susan Quillam）和《关联》机构，《停止争吵，开始谈话》（*Stop Arguing Start Talking*），（维米勒出版社，1998）。

希拉　　我清楚地记得发生在我们之间的一次争吵。那时我们住在日本，第一个孩子刚六个月大。一位单身朋友邀请我们到他那里去度周末，他住在距离我们两百英里远的地方。

这个朋友特别热情好客。每次到他那里去度周末，他都会安排早餐派对、邀请朋友们过来喝上午茶，接着又款待午餐、茶点以及晚餐派对！

礼拜三，在我们要起程的时候，我将内心深处对这个即将到来的周末的焦虑如实地讲了出来。因为我感觉到照顾一个六个月大的孩子就已经让我筋疲力尽了，如果再花一个周末与人交往，"展览"我们的女儿，那将会让我完蛋的。可是，力奇却非常固执。他已经接受了邀请，知道很可能已经有一些派对为我们准备好了。所以，我们不能不去。

我们双方都觉得自己有理。当我无法说服力奇，而他也似乎并不体会我有多累时，我简直火冒三丈。

很不幸的，那个周末碰巧是日本的苹果节。我们买了一大箱的苹果，把它们放在篮子里，搭成金字塔的形状。于是，我就从最上面的苹果开始，一个接一个朝站在房间另一侧的力奇扔过去。

他顺势躲到沙发背后，以免被砸伤。我很高兴，这些苹果是我向力奇所扔过的唯一的东西，通常发怒时，我总是说些很厉害的话来对付他。故事的结局在这一部分的后面会提及。

分歧和冲突要么建立婚姻、要么摧毁婚姻。当我们顽固地坚持自己的意见，想方设法改变对方的想法时，结果往往就是一场堑壕战——旷日持久。我们深挖壕沟来保卫自己的阵地，不让对方接近，以此来保护自己，偶尔才发动一次进攻。似乎我们中有一方赢了，但实际上双方都输了，因为我们之间存在着一百码的无人区，上面布满了带刺的铁丝网和讽刺的话语、未爆的炸弹和未解决的问题。冲突摧毁了我们之间的亲密关系。

但是，如果夫妻双方都准备好要共同处理分歧，那么这些分歧就能使我们迈向成熟。当然，分歧的解决可能需要我们做出极大的改变。要想赢得双人三足赛，就需要双方都互相适应对方的步伐。宗教改革家马丁·路德曾经说过，有两种方式可以使人变得不那么自私：第一种是进入隐修所，第二种是进入婚姻！

以下是迈向有效解决冲突的第一步。

承认我们的不同点

独特性会导致冲突，也会带来新奇和乐趣。假如我们对任何事物都持相同的观点，那么婚姻就会变得索然乏味。婚姻是一种团队协作。在那些表现出色的团队中，每个人都会贡献各自不同的天赋、性情以及洞见，好使大家受益。在一支足球队中，如果十一个球员都是后卫，那么这个球队就不会有什么效率。在商业活动中，如果每个会员都是梦想家，无人对制订细则感兴趣，那么生意便无法成功运作。

在上一章，我们探讨了一个普遍存在的问题：每个人感受到被爱的不同方式。在我们对待生活的态度上，还会有许多别的不同点，特别是那些持不同观点的人常常会彼此吸引。我们会不知不觉地被那些令我们感觉完美的人、那些身上具备我们所缺乏的特点的人所吸引。

一般而言，在婚姻关系的开始阶段，我们都会努力使自己适应对方。许多夫妻一开始甚至都不会意识到彼此之间存在着什么根本的不同。热恋使我们变得特别宽容，愿意调整自己的行为以适应对方。但是，随着"蜜月期"的逐渐消逝，原本吸引我们的这些不同点可能会变成冲突的导火索。

在这一阶段，我们总是想消除差异而不是彼此迁就。我们努力去让伴侣按照我们的思想和行为去做。假如我们喜欢提前计划，那么我们期待他们也喜欢提前计划。假如我们每天晚上都把衣服放进衣橱，那么我们指望他们也会如此。假如我们习惯从管尾处开始挤牙膏，那么我们指望他们也能跟我们一样。我们提出要求、进行操控、被对方激怒、发出抱怨。所有这些都会无可避免地削弱我们之间的亲密关系。可悲的是，许多夫妻因此就得出一个结论——彼此无法兼容。但是，事实并非如此。彼此的差异可以让我们取长补短，让我们受益。我们必须停止那种想要消除差异的尝试，开始刻意地欣赏我们之间的不同点。

园艺家、珠宝设计师以及专栏作家蒙特·当提到他和妻子撒拉对园艺的不同态度时，如此说：

如果你和另一个人共同营造一座花园，在某种程度上说，这是在发扬你们的共同点，正如你们喜欢同样的食物或是会因同样的事物而发笑一样。但同时，这也是在发扬你们的不同点。只有当你愿意让你的同伴带着你去你原本不会去的地方时，花园才会超越它本身的美丽。在实践中，这意味着，尽管我们不会将自己对花园的设想强加给对方，但是我们仍会常常对种什么和如何种发生严重分歧。我生来就是一个冲动急躁的人，喜欢在想法还热乎的时候就趁热打铁地把它落实出来。而撒拉则喜欢先仔细考虑所有的可能性，然后得出一个她认为正确的结论。她宁愿什么都不做，也不愿做一件错事。而我则宁愿先把事情做起来，也不愿什么都不做。但我们都能令对方感到惊讶和钦佩。但这是一种极美妙的调和——你已经猜到了——它是我们婚姻中的一个重要部分。[1]

我们不同的个性

以下是五种不同个性类型的描述。在每一类别中，我们都会有或轻微或严重的倾向。在有严重倾向时，我们能轻易地看到自己。而在只有轻微倾向的情况下，我们也许只能通过对比我们的配偶才能意识到。在看这五个类别时，请分析一下自己和你的伴侣分别属于哪种个性类型。当遇到不同点时，我们需要考虑这些差异在我们之间是造成冲突，还是激发起对彼此更多的欣赏。

类别一：外向型和内向型

这种类别与我们的能量来源有关。外向的人从他们和人的互动中获得能量。他们喜欢花许多时间与人相处，参加派对会让他们精神振奋。对

---

1 蒙特·当（Monty Don），《观察家杂志》（*Observer Magazine*），2002年5月19日。

他们而言，说话非常重要，因为这能帮助他们理清思路并弄清楚自己的想法。事实上，他们许多的话语其实就是在大声地思考。外向的人有时也喜欢独处，但是如果独处太多则会让他们情感枯竭。他们需要被外在世界刺激来重新充电。

相反的，内向的人是从安静的默想中获得能量。他们天性关注思想和意念这一内在世界。他们也可能很热情友善、富有同情心，但是过多的社交会令他们枯竭，他们需要属于自己的时间来进行恢复。比起拥有许多的熟人来，他们通常更喜欢拥有几个亲密的朋友。比起一晚上的派对来，他们常常会选择在家里待一晚上。他们倾向于安静，在说话之前先整理好自己的思绪。

内向之人也许会看重外向之人与许多人相处时的从容自如，而外向之人也许会看重内向之人安静的深谋远虑。

类别二：逻辑型和直觉型

这一类别所涉及的是我们看待周围世界的方式。那些偏好逻辑的人会使用他们的五官来收集各种信息。他们想了解事实真相。他们留意过去，从经验中学习。他们对事物的明确性有一种强烈愿望，喜欢实际、重要性的事物，不喜欢猜想。他们对细节感兴趣，会通过仔细分析事实来解决问题。他们常常被描述为富有条理、务实、脚踏实地。

直觉型的人则喜欢各种想法，过于各种事实。他们更富有创新精神，而不太注重实际。他们重视大局，而不太关注细节。他们喜欢推测各种可能性，也倾向于着眼未来。他们常常通过各种预感来解决问题，也会轻易地从一项活动跳到另一项活动。他们常常被视为富有想象力、善于打破传统。

第一种类型的人可以被视为"对细节一丝不苟",而第二种类型的人则可被描述为"天马行空"。但是,任何项目都需要这两种个性的人。倾向于直觉的人会被各种远景、想法和目标所吸引,而倾向于逻辑型的人则会专注在各种实际性事物、细节和行动计划上。

类别三:以任务为导向型和以人为导向型

这一类别决定了我们如何根据所收集到的信息来作出决定。那些倾向于"以任务为导向"的人会对他们的目标非常清楚。他们追求效率、公正和事实。在事业上,产量和效率是他们的优先选择。只要有一个清晰的目标,以任务为导向的人就会很快付诸行动,有条不紊地朝着目标进发。

对那些倾向于"以人为导向"的人而言,他们的心支配着他们的头脑、各样的关系支配着各样的目标。他们很敏感,也会很容易同情他人的感受。他们作决定的基础是这些选择会如何影响他人。他们倾向于为别人辩护,而不去指责别人。对于那些以任务为导向的人来说,他们常常只会看见黑白两种颜色;而对于那些以人为导向的人来说,看到的却是中间的灰色地带。

那些倾向于以人为导向的人可能会赞赏那些以任务为导向之人兢兢业业、踌躇满志,而后者则可能会看重前者创造宽容、鼓励和关爱的环境的能力。一个高效的团队同时需要这两种个性的人。

类别四:按部就班型和灵活机动型

这一类型涉及我们是喜欢提前制订计划还是喜欢凭感情行事。那些喜欢按计划生活的人会根据计划作出决定,然后严格履行。而那些愿意保持灵活和弹性的人则希望尽可能在最新信息、最新报价、更优惠的交易的基础上灵活作出决定。

那些喜欢按计划行事的人比较擅长于设置事情的优先级别。他们善于组织，在规定的时限前完成任务会给他们带来满足感。但是，他们不那么擅长于处理突发事件。

那些喜欢灵活机动的人会倾向于随大流。他们喜欢自由和灵感，不太愿意制订计划。他们显得比较懒散和松弛，不太在意事情的精确时间，因为他们认为，事情很可能会有更加圆满的结果。有时候，他们会因为拖延不作决定而错失良机。但是，他们很擅长调整、适应未预见到的事情。而且，有时候，在别人遭遇失败的事上，他们反而会取得成功。

类别五：发起者或拥护者

这一类别所反映的是我们是天生喜欢领导别人还是喜欢被人领导。发起者们喜欢提出各种新想法，容易作出决定，不怕发生什么变化。他们喜欢管理，而且能成为优秀的领袖。而拥护者则喜欢别人发起主动。他们仔细地聆听，但会对表达自己的观点感到犹豫不决。他们倾向于回避矛盾，准备好为维护和睦而改变自己的喜好。

为取得领导与拥护之间一个正确的平衡关系，我们需要避免两种危险情况：发起者可能会不和他们的伙伴事先进行商议而直接作出决定。拥护者可能会在配偶面前推卸共同作决定的责任。这两种倾向在婚姻中都是不健康的。因为在婚姻中，夫妻双方都应当在那些会对他们二人产生影响的事情上共同作决定。值得提醒的一点是，"领导"并不意味着独裁、控制或是强迫对方来执行我们自己的意愿，而"拥护"也不是指被动地顺从或是被人置若罔闻。作为一个团队，要想有效地运作，需要发起者提议并且执行；与此同时，也需要拥护者鼓励并且协助。

在婚姻中，当夫妻二人在生活的不同方面由一方做发起者，而做拥护者的一方也极力配合时，婚姻就会比较和谐。

充分利用我们的不同点

将我们自己归类到这些类型中并不是要否定我们的独特性。其实，每一种不同的个性类型中都包含着巨大的多样性。拥有某一类型的典型反应并不意味着我们就不会发展出另一类型的某些特征。以任务为导向的人未必对人际关系不感兴趣，那些以人为导向的人也未必缺乏各种目标；同样地，很难得出结论说一个内向之人无法享受一场派对，或是一个外向之人不会喜欢某次乡间的独自散步。然而，人的类型倾向却会对我们不同的人生态度产生根本性的影响。

第一步是要认识到我们的不同。第二步是要承认根本就不存在所谓的正确或错误的方式。严格地说，我们自身的思维方式并不比我们伴侣的思维方式好或坏，只是彼此不同而已。每一种偏好都能作出有价值的贡献，但自身又都存在着局限。如果我们把自己的行为方式看为"正常"，而把他人的行为看为"有所缺欠"，那么我们就不太可能建立一个美满、和谐的婚姻。

第三步是要相信我们彼此不同的方式可以进行互补。当我们将心思全部集中在对方身上那些令我们欣赏的个性，而不再去专注那些令我们恼火的层面时，婚姻关系就能得到大大的巩固。

本章最后有一个表格，我们在其中列举了一些可能会让夫妻产生不同态度的事项。在每一项中，请思考你们二人的态度位于线上哪一处。然后，看看你们有哪些不同，并问问自己这些不同有没有造成彼此的冲突。表格的最后有一些空格，你们可以在上面写下一些彼此存在差异的其他方面。

探讨不同的金钱观

表格中每一个问题都可能让我们轻易地认为自己的方式比对方的更好，并且对因我们配偶有不同想法而横加指责。这一点，在金钱问题上尤其明显。天生节俭的人常常会责怪天生会花钱的人，还常常认为自己非常有理。

力奇　刚进入婚姻时，希拉和我都带着对金钱非常不同的观点。这反映出我们的个性，而父母对我们各种观念的形成也会有影响。

对于金钱，可以有三种选择：储蓄、花掉或是给出去。关于我们该给多少以及何时给出去这一点上，我们彼此都没有异议。但是对于另外两种选择，我们的观点则是截然相反。希拉擅长花钱，而我则更喜欢存钱。（我还记得自己小时候积攒老式的六便士硬币的事情。最后我发现这些硬币已经不再是法定货币，我满满一箱的钱因此而变得一文不值！）

刚结婚的时候，我有工作，而希拉还是个学生。每个月，我都会把赚来的钱给她一部分，用于家里的日常开支。我希望希拉能避免透支，但是这个希望总是落空。虽然我总会留下足够的钱来偿还所欠的，但是我对她不能控制花钱这件事情感到非常不满，而她也会对整件事情感到歉疚不已。我们一致认为在钱的事情上我比希拉更加擅长，因为我不会像她那样轻易地花钱。

结婚十五年以后，我突然领会到自己完全错了。我意识到，其实我们只是擅长于不同的事情而已。希拉更擅长于花钱：她知道我们每周需要什么东西，擅长为家庭买一些乐趣和惊喜，并且为别人购买一些礼物。而我则更擅长于节省。我很愿意计算我们已经拥有（或者尚未拥有）多少钱。我管理我们的存款，保证我们能够付清各种账单。

自从我们意识到各自不同的倾向其实是互补时，我便不再感到不满，金钱也不再成为造成我们关系紧张的一个因素。每个月，我们都会讨论该月的各种需要，计划应该给这些需要分配多少钱。在这个过程中，我们也发现了一些可以彼此帮助的方面。在希拉的帮助下，我变得不再过分谨慎，并且能够更加自由地使用钱财，好使他人和我们自己受益。在孩子们每周的零花钱这件事上，以前孩子们每增长一岁，就能多得一个便士：六岁的时候是六便士，八岁的时候是八便士，诸如此类。我一直不觉得这有什么问题，一直到希拉告诉我，十便士对于我们十岁的女儿而言，并不能真正地教导她明智地处理金钱这个功课。我真高兴希拉说服了我，让我改变了主意。当然，孩子们对此也是强烈地支持。

另一方面，我想我对希拉的帮助是，我让她能够更了解钱的去向，确保所花的钱不超过我们的预算。现在，我不再像以前那样，每个月都扣下一部分钱，以备不时之需，虽然这一希望总是落空。相反地，我会把我们二人一致同意的当月开销全都交给希拉，让她根据自己的判断来使用。

希拉 做预算对我而言并不容易，这当然也与我对数字不太敏感有关。我不想把自己说成是挥霍浪费的那一种人，我也不是很喜欢购物。但是，我所买的大部分东西都是我们家庭生活的必需品。除此以外，我也会买一些东西用来招待客人或送礼物。大体上，我主要是花钱，而力奇则主要是存钱。这是我们没怎么计划就形成了的。

每个月，我都会因为透支而感到内疚（虽然我确信我无法不使用这么多钱），而力奇也因为我对此爱莫能助而感到非常沮丧。因为他是一个非常宽容的人，所以我们一直到结婚多年以后才正视我们之间的差异。

最终，我们进行了一次开诚布公的讨论，讲了自己的感受，也讨论了该怎么处理这一情况。从那以后，我们各自的角色基本上仍然没有什么改变。但是在力奇的帮助下，我开始提前计划。更重要的是，当我感到自己已经超支的时候，我会告诉他。现在，我意识到，将问题摆出来比期待它会自动解决更好。

过去，我对金钱并没有什么认识，有种害怕的感觉，不太愿意去讨论它。自从意识到我自己的这些弱点、充分地讨论了这些状况以后，我的感受便产生了巨大的不同。

因为经济问题是造成英国夫妇婚姻中紧张关系的最主要原因，所以每一对夫都需要好好讨论如何使用钱财这个问题。这是显而易见的道理，但奇怪的是很少有夫妻这样做。常常，夫妻双方对于各项开支的优先次序会有不同看法，因此要提前计划并在如何分配开支上达成一致。将钱放在不同的账户中也会有所帮助：一个共同的账户用于家庭开支、支付账单和购买必需品，另外两个独立账户用来为对方购买礼物或是购买一些休闲用品。这样夫妻双方都能有一些自己作决定的空间。

假如我们发现很容易超支，那么我们就应当使用现金而避免使用信用卡（如果夫妻中有一方对此有严重问题或者你们已经陷入巨额债务中，请寻求帮助）。另一方面，假如我们意识到自己对钱财过分谨慎，那么同意拿出一部分钱来专门用于休闲、礼物、娱乐或慈善事业等会对合理开支有帮助。

当夫妻中一方在外工作而另一方待在家里时，赚钱的人很容易会这样想："我埋头苦干拼命赚钱，你却只知道花钱。"当然，那个"没有薪水"的丈夫或妻子也许同样也在天天埋头苦干。在这种情形下，二人可能会对各自的日常生活发生误会。"你就知道整天坐在家里"这样的言辞可能会被对方还击以"你就知道在外面大吃特吃"。

婚姻必须建立在夫妻共同拥有家庭财产与收入这一共识上——包括工资或薪水。丈夫和妻子双方都应该知道对方真实的财务状况。如果有一方对家庭收入水平、存款金额或债务数量毫不知情，这将导致严重的问题，这些问题所涉及的不仅是开支，也是欺骗和背叛这些感受。我们需要共同决定如何使用我们的钱财。有一件事也许值得一试，就是夫妻双方设定一个不必与对方商议，可以自由支配的花钱额度限制。有一对夫妇告诉我们，过去他们如何常常为怎样使用钱财而发生争吵。妻子不知道他们有多少钱，而丈夫则常常指责她乱花钱。两年前，他们制订了一个详细的预算，共同决定应当如何花钱，保证他们收支相抵。以前是丈夫查看他们的账户（只是比较随意地），现在他们一致认为妻子更适合这个角色。从那以后，他们就再也没有因为钱而争吵过。

对经济问题的讨论能够拉近我们彼此的距离。但是，如果对此不加讨论，因此而引发的各种误会和不满会将我们彼此推开。本书后面附有一个如何做预算的附录，可以帮助我们了解各种信息并且作出相应的决定。双方共同做预算这一过程本身将会让我们有机会讨论任何关于金钱的恐惧感或挫折感，而且这也将帮助我们认识到各自的长处和短处。

保持幽默感

夫妻间的不同点要么带来冲突，要么带来乐趣。对这些不同点的欣赏，意味着持续不断地享受着对方独特性所带来的乐趣。对大部分夫妇而言，当他们刚开始约会的时候，笑声是他们关系中的一大部分，而且是一个重要部分。他们会被对方个性行为中那些与他们迥异的方面逗笑。然后，随着关系的逐渐发展，他们会开始经常地取笑这些个性特征。这样的"调侃"会进一步提升他们的乐趣和对彼此的欣赏。

这种调侃与揭短和羞辱的嘲笑截然不同。而前者是一种温柔的、充满感情的嬉笑，表达着婚姻中日渐加深的亲密关系：我们共有的笑声为我们的关系划定出一个专属领域，其中充满着私底下的笑话、双方共享的有趣回忆以及一生之久的相互间的幽默。所有这些都能够使我们不将自己看得过分认真，也能防止我们的关系变得紧张沉重。

朱蒂斯·沃勒斯坦曾作过一项研究，目的是为了通过调查五十对婚姻幸福的夫妻来发现让婚姻得以维系的共同因素。她把幽默列为一项关键性因素：

> 这些婚姻幸福的夫妇一再强调，笑声是他们夫妻之间一项最重要的连结因素。许多人用"有趣"这个词来形容他们的配偶。但是他们所说的幽默和"有趣"并不是指最近发生的一些玩笑，而是比这些更为深层的东西，是一种令他们彼此相连的亲密关系，是一种善意的玩笑，低调、自然，却令他们彼此深深联结。[1]

继续享受我们的不同点、善意温柔地取笑彼此，能使婚姻常葆笑声和幽默。这与把彼此视为理所当然完全不同，能帮助我们正确对待生活中各样的小烦恼。琼·埃里克森和精神分析学家艾瑞克·埃里克森的婚姻得以维系六十年之久，当有人问起其中的秘诀时，琼毫不迟疑地回答道："幽默感！如果没有它，还有什么呢？是幽默把每一件事物维持在适当的位置上。"[2]

---

1 朱蒂斯·沃勒斯坦（Judith S. Wallerstein）和桑德拉·布莱克斯（Sandra Blakeslee），《美好的婚姻》（*The Good Marriage*），（休顿·米菲林公司，1995）。

2 同上书。

准备好改变

虽然我们无法改变彼此的基本个性，但是我们能够改变我们的习惯和行为。事实上，婚姻要求我们这样做，只有这样才能使双方步伐一致。光说"我就是这样的人"之类的话是无济于事的。在处理夫妻之间不同点的时候，要牢记幸福婚姻有一条简单，却十分重要的原则：

> 我们能够改变自己，但是不能改变对方。

这种调整将持续整个婚姻过程。外科医生理查德·塞尔泽这样描述其中可能具有的含义：

> 我站在一个年轻女人的床边，她的脸刚动完手术。她的嘴唇因为瘫痪而扭曲，显得有点滑稽。脸上一根很细小的神经，就是通往嘴部肌肉的神经被切断了。从此，她就是这个样子了。我已经小心翼翼、尽可能地顺着脸部肌肉曲线动了手术，这一点我可以向你保证。但是，为了切除她脸上的肿瘤，还是切掉了一点神经。

> 她那位年轻的丈夫也在房间里，站在床的另一边。他们二人在夜晚的灯光中，好像我并不存在一样，俨然是一个私人世界。"他们是谁？"我问自己，"他和这个被我弄成歪嘴的女人，这两个如此深情彼此凝视、彼此抚摸的人。"

> 年轻的女人说话了。"我的嘴巴以后一直都会这样吗？"她问。"是的，是这样的。"我回答道，"因为神经被切掉了。"她点点头，陷入沉默。但是那个年轻的男人笑了，"我喜欢这样，"他说，"很可爱。"不经意间，我看见他俯下身去，亲吻她那歪曲的嘴。我们相离如此之近，以至于我能够看见他如何歪起自己的嘴巴以适应她的嘴唇，好表明他们的亲吻仍然没有问题。眼前这一幕，不禁令我想起了古代那些化为凡人的众神

灵。于是我屏住呼吸，迎接奇迹的降临。[1]

当丈夫或是妻子愿意去接受改变这一麻烦事时，婚姻就有向前迈进的机会。而当夫妻双方都选择接受它时，一个陷入困境、止步不前的婚姻就能展现一片全新而迷人的天空。

当南茜和瑞克的婚姻从灾难边缘被挽救回来后，南茜这样描述自己从这一经历中获得的最重要的领悟：

> ……如果你努力想要让对方适应你的思维方式，那么这种关系就不会成功。要想让婚姻成功，并不是要容忍伴侣的各种差异，而是要珍惜这些差异。[2]

在线上标出你做事的习惯倾向。

举例：（尼=力奇；希=希拉）

金钱	花掉	希　　尼	存起来
准时性	手上留有富余时间	希　　尼	严格计算时间

（译者注：如第二项，如果你倾向于"手上留有富余时间"，就把你的名字写在线上靠左的位置，倾向"严格计算时间"就写在线上靠右的位置，如果一般就要写在中间。这里，希拉紧靠左侧，力奇紧靠右侧！）

1　理查德·塞尔泽（Richard Selzer），《凡人的功课：手术艺术注释》（*Mortal Lessons: Notes in the Art of Surgery*）。

2　《红色杂志》，2000年3月。

事项:

着装	随意	_____	正式
分歧	再三讨论解决	_____	维持和平
假日	想要历险	_____	想要休息
金钱	花掉	_____	存起来
人	花时间与人相处	_____	将时间留给自己
作计划	作计划并且严格遵守	_____	自然而然，随大流
准时性	手上留有富余时间	_____	严格计算时间
休息放松	出去	_____	留在家里
睡觉	早点睡	_____	晚点睡
运动	热衷	_____	不感兴趣
电话	长篇大论	_____	只谈各种事项
整洁	事事井然有序	_____	很放松，但毫无秩序
电视	老看电视	_____	根本不看

其他事项: _____

第九章　就事论事

Focusing on the issue

在怒气中，你可能会说出令你后悔一辈子的话。

——佚名

在《霍乱时期的爱情》（*Love in the Time of Cholera*）一书中，作者加夫列尔·加西亚·马尔克斯描绘了一个因为一块肥皂而解体的婚姻。丈夫因为妻子忘记更换肥皂而感到极度失望，于是责怪妻子，说："我已经有一个礼拜洗澡没有肥皂了。"他的妻子当然对这一过失坚决否认。于是，接下来的七个月，他们二人分房间睡，吃饭时也保持沉默。

> "即使当他们上了年纪、心情平和时，"马尔克斯写道，"若要重提旧事，仍然需要格外小心，因为很可能刚刚愈合的伤口又会开始流血，仿佛昨天才受伤的一样。"[1]

当冲突发生时，我们常常会轻易地选择退缩、独自生闷气、保持沉默，结果我们就竖立起一面墙。一小时、一天、一周、一个月甚至一年，这面墙越来越厚。或者，我们会选择全线出击——海陆空三军——来削弱我们伴侣的阵地，说服他们投降。我们尽全力想要逼他们转而顺从我们的观点，结果可能导致言语上的辱骂甚至身体上的虐待。不管我们倾向于作何种选择，以下所提到的这些建议能够帮助我们正确面对冲突，让我们聚焦在问题上而不去彼此攻击。这些建议的目的是为了防止各种特定的分歧

1　引自杨腓力（Philip Yancey），《恩典》（桑德凡出版社，1997），第97-98页。

影响到我们整体的关系。

迁就不同之处

在每一个婚姻中，都会碰到夫妻双方需要就彼此的不同意见进行协商的时候。

力奇　希拉和我有一个不同点，就是我们对该留多少时间用于赶火车或飞机完全看法不同。要是让希拉自己决定的话，

她很可能会选择在前一班航班或火车离开时到达。而我则喜欢一种"成功参半的机会"，就是在尽可能接近飞机起飞或火车开车时间到达机场或火车站。否则的话，我会觉得自己是在浪费宝贵的时间，因为本来我可以将这部分时间高效地用在别的事情上。而对希拉而言，在火车站或机场等候的时间里，她可以享受谈话、观察他人或者阅读杂志的乐趣。

有许多年，我们都未曾讨论过为什么彼此会有这些不同的倾向。但我们双方都意识到每次旅行之前，我们之间都会碰到一些最为紧张的时刻。显然地，我们需要作出一些改变。

当我们彼此的行为发生不相容的情况时，我们通常会怎么做？有四种选择：攻击、投降、讨价还价或是协商。有些人选择攻击，努力想要强逼他们的伴侣顺从自己的思维方式。那是行不通的。人们对于强迫的最普遍反应，要么是进行防御并坚守阵地，要么是表面上合作但是内心却大发雷霆。

有些人会投降：任由配偶完全按照自己的方式去做，从不发表观点。那也是不健康的，无法产生一种动态的伴侣关系。

还有一些人会讨价还价，想要彼此作出同等的让步："我给你一点理解，你也给我一点理解。"这种方式的问题在于，这会使我们的行为变得受我们伴侣反应的制约。当我们将婚姻视为相同比例的"给予与获取"时，我们会轻易地将注意力集中在我们所给予的和配偶所获取的。我们每个人都对这"一半"的意思有不同的看法。如果我们感觉伴侣没有做好他们的部分，我们也就不再去做我们的那一部分。

第四种也是最好的方式，就是协商我们的不同点。这要求夫妻双方都准备好向对方靠近。这种方式与攻击不同，后者是"以我为中心"；也与投降不同，投降虽然是"以你为中心"，却是不健康的那种。协商也与讨价还价不同，后者仍然是"以我为中心"。协商是"以我们为中心"！我们二人都要问："哪一种是对我们整体最好的解决方式？"有时候丈夫会说："我需要改变。"有时候妻子会说："我必须用不同的方式做事。"通常情况下，夫妻双方都需要作出调整。

力奇　有时候，我们会在旅行开始以前许久就商量好离家的时间，给自己留好充裕的回旋余地，不至于过分匆忙，借此来减轻旅行前的紧张关系。通常，我必须要与自己这种早到就是浪费时间的本能想法作斗争，而希拉有时则必须调整自己对等候时间的过度补偿，好让我们不至于花过多的时间用于等待。

"但是，希拉，火车明天中午才开完。"

通过选择并坚持一些基本原则，可以练习并且学会协商这种技巧。

寻找最佳时间

《关联》（*Relate*）杂志曾作过一项调查，该调查显示，在夫妻之间所有的争吵中，有一半发生在晚上。在所有参与调查的人中，有四分之一的人承认，在紧张时刻发生的争吵会使争吵逐渐演变成一个特殊场合。[1]有几个亲密的朋友告诉了我们一条他们为婚姻设定的简单却十分有效的规则，他们称之为"十点钟规则"。这条规则规定，如果夫妻之间的分歧发生于晚上十点钟以后，而且在分歧中彼此开始表达一些强烈的情绪，那么他们中任一方都有权利将进一步的讨论推迟到一个更加合适的时间。

1　菲利普·德尔夫斯·布劳顿（Philip Delves Broughton），《泰晤士报》，1998年2月12日，第9页。

很快，我们就采用了一条相似的规则。我们意识到我们之间大部分的激烈争吵都发生在深夜，而这时疲劳已经扭曲了我们的想法。在这种时候，我们会觉得比较难以聆听并理解对方的观点。十点钟规则虽然要求极大的克制力，但它却能够防止许多分歧进一步发展，成为伤害感情且又毫无益处的争吵。

对于表达不满或不同观点来讲，并没有一个完美的时间（通常情况），但是，制订出那些应当避免的时间却是值得尝试的。这些应当避免的场合可能需要包括一些离家去上班或是准备好要外出之前那几分钟特别忙乱的时间。时间上的限制常常会导致我们一方面更加迫切地想要说服对方接受我们的观点，同时又不愿意去聆听对方的观点。

我们会避免借着每周一次的二人独处时间提出一些富有争议性的话题。我们听说有两个丈夫，他们彼此推心置腹地讲到自己如何害怕每周一次的"约会之夜"，因为那个晚上，他们常常是战战兢兢地等候妻子宣判他们那一周做错了哪些事情！如果这一每周共度的时间不能让双方彼此都觉得愉悦的话，那么它就失去了意义。

准备好聆听

对于夫妻之间的分歧，我们不应将之视为丈夫和妻子个人的问题，而需要认识到，这是我们双方共同面对的问题，我们需要一起来寻找解决办法。要达成意见一致可能会需要一些激烈的辩论，但是，与彼此攻击不同，我们是站在同一边，共同对付这一难事。有一点可能会对夫妻有所帮助，就是先列出一个包含所有可能性的解决方法的清单，然后再一一地掂量每种方法的利弊。

聆听是至关重要的。当争论比较激烈时，我们本能地会想要确保对方真正地领会了我们的观点，但是对于自己是否真正地领会了对方的观点却不会有多么强烈的感受。让彼此轮流着说话能够帮助我们有效地进行协商。当我们在聆听彼此的观点时，常常就能发现一条前进之路，不是我的路，也不是你的路，而是一条新的路。

准备好表达我们的观点

有些人在冲突中会变得高声而且好辩，但是另一些人则会变得沉默而退缩。后者也许能维持和平，但是这种反应并不能有助于建立婚姻中的亲密关系。外向之人常常需要学习控制自己的感情表达，花时间去聆听他人的观点；内向之人则需要准备好表达自己的观点，学习敞开自己的各种感受。

有一位名叫简的女性获得了这方面的自信：

在我们结婚刚开始的那几年，我非常被动地顺从，很少发表自己的观点。但我慢慢获得了一种新的自信，使我能够更加自由地表达自己。而且，当我和瑞克之间的关系变得紧张时，我也不再害怕他会离开我，像我以前那样。我知道我们能够为彼此之间的不同点找到解决办法，这使我能够自由地表达与他意见不一致的地方。我变得更加自信，但又更少下结论。我们处理冲突的方式改变了……我不再任由事情郁积，我们的关系变得更加诚实，更加向彼此敞开。[1]

避免指责

在我们举行婚礼的前几周，为我们主持婚礼的牧师给我们提出了一些宝贵劝诫。三十二年之后，我们仍然清楚地记得这些意见：

1　保罗·西蒙斯（Paul Simmonds）和马克·希尔华斯（Mark Silversides）等人编辑，《婚姻默想》（*Marriage in Mind*），第34页。

在婚姻中，你们一定要不计代价地避免使用两个词语：
"你总是"和"你从不"。

当时，我们并不知晓这一简单原则背后所隐含的智慧。但是，后来我们认识到了。当战争达到白热化程度时，交战双方会轻易地使用这两个词语来定性、诋毁对方：

> "你从不知道帮忙，动动手指头都不肯。"
>
> "你总是那么晚回家。"
>
> "你只知道为自己考虑，从不为别人考虑。"
>
> "你总是在打电话。"
>
> "你总是……"

如果我们发现自己常常在冲突中说出"从不"和"总是"这两个词，那么我们很可能就已经不再聚焦在问题上，已经开始攻击彼此的性格了。将"你"和"从不"或者"总是"组合在一起使用，这通常是一种爆炸性的组合。

比起指责我们的伴侣，多使用一些带有"我"字的话语和表述我们自身感受的句子，会更加富有成效。上面的几句话可以改述为：

"我很疲倦，如果你能够在家务上帮一下忙，我会非常感激。"

"我感到孤独，你晚回家会让我很想你。"

"我们在一起的时候，你似乎对我不感兴趣，这让我很难过。"

"你晚上花这么多的时间打电话，也不跟我说话，这让我感觉很受伤。"

这样的说话方式传递出温柔——一个爱情的关键成分。分歧能够轻易地使双方进入一场击剑的对决，但是与击剑双方在交战中所受的身体上的刀伤不同，残酷的话语会在对方心中造成更为深刻的伤痕，需要更久的时间才能愈合。新闻记者、无线电台播音员以及作家莉比·帕维斯有力地阐明了这一点。她引用一位自己所认识的名叫莫琳的年轻妻子的话，说：

"有一次，我丈夫说我是一个自私、愚蠢、肥胖而且性冷淡的婊子。无可否认，我用更加不中听的话反驳了他。但是他所说的关于冷淡这句话，让我一直无法忘记。现在，每次我们亲热的时候，我都会想，这就是他对我的看法。我变得有点不相信他了。"另外，虽然莫琳已经足够苗条，但是因为她丈夫在辱骂中用了"肥胖"一词，她还迷上了节食。说一句"我不是故意的"，这当然也很好，但是在那样的情况下，受害者会想，是什么让你这么说的？有句老话说："生气时，人们总会说出一些不是出于本意的话。"但是，这句老话也可以用另外一句同样很古老的话来反驳，就是"只有当你愤怒时，你才敢道出实情"。我们中许多人都能够清楚地记得一些人在怒气中对我们说的话。[1]

我们需要小心地不去重提那些已经过去的事情，也不去进行残酷的

1 莉比·帕维斯（Libby Purves），《大自然的杰作，家庭幸存指南》（*Nature's Masterpiece, A Family Survival Book*），（霍德和斯托顿出版社，2000），第227页。

人身批评。即使你伴侣的话语伤害了你，我们还是必须抵制想要反击的诱惑。克制是真爱所要付出的代价的一部分。没有哪一项争议性话题，不管我们对此有多么强烈的感受，比我们之间的婚姻关系更加重要。我们的话语具有伤害或是医治的能力：

> 你们的言语要常常带着和气。目的是为了在谈话中汲引出对方身上最好的部分，不是为了去羞辱他们，也不是为了去击败他们。

> 要尽可能清楚地让他们知道你站在他们那一边，与他们同行，不要与他们反对。

再没有比这些话用在婚姻中更为贴切的了。

准备好放弃

很少有什么事比承认我们的错误更加困难。我们总是拼命地要为自己辩护，想要证明我们是对的、是清白的。罗布·帕森斯（Rob Parsons）如此描述这一过程：

> 我们每个人都有一个我所称之为的"内在辩护者"，一个隐藏在心里面的律师。每当我们陷入一场冲突时，他就会跳起来为我们辩护。这个滔滔不绝的演说家毅然决然地要向我们的心陈述于我们有利的最佳理由……我们被他描述为明智的、合情合理的以及仁慈的，而对方则是在胡说八道、蛮不讲理……当这位内在的律师落座时，我们就完全被证明是清白的了，陪审团已经下了"无罪"的裁决。一切都没事了。但是我们忘了，就在那个时刻，或者那个时刻前后，对方心里面的律师也正在作着他的最后

陈词，而且不可思议地，也同样裁决对方无罪。[1]

赢得一次争吵的结果可能会适得其反。对于那些擅长言谈、擅长令他人觉得自己藐小或愚蠢的人而言，从长远看这种能力将被证明是一种缺陷。

我们常常会觉得承认自己错了会让我们陷于一个软弱的地位。但是，当我们决定我们不一定每次都要赢，尝试着从我们伴侣的角度来看问题时，他们也就不再会觉得有坚守阵地的必要了。"纷争的起头如水放开，所以在争闹之先，必当止息争竞。"放弃，必要的话就说一句"对不起"，也许会让我们损失一点骄傲，但是却能让我们得到一个更加幸福的婚姻。如果我们觉得要在争吵中输一次很困难的话，那么我们就应该尝试着多输几次，然后看看会发生什么。

共同面对问题

马丁的父母在他还小的时候就分居了。他的父亲生活在国外，母亲变成了一个酗酒者。从七岁起，马丁就被送到了寄宿学校。他的父母常常忘记他的生日。每个圣诞节，要是能得到一份礼物，那他真是太幸运了。偶尔，他才能得到一点象征性的礼物。当然，从来都是没有包装的。因着孩子本性中很强的适应性，马丁接受了他所处的环境，将自己投身到了学校的生活中。

成年以后，马丁发现自己很难有一些长期持续的人际关系。但是最终，他疯狂地恋爱了，而且结婚了。他梦想着他的婚姻和家庭生活能够以某种方式来补偿并且医治他在过去所遭遇的种种痛苦和失败。

---

1 罗布·帕森斯（Rob Parsons），《突破重重困难的爱》（*Loving Against the Odds*），（霍德和斯托顿出版社，1994），第六5–六六页。

他的妻子露茜来自于一个关系非常亲密的家庭，而且极度崇拜她的父母。她特别喜爱父母庆祝各个生日和圣诞节的方式，总是有那么多的策划和乐趣：种种惊喜、礼物、秘密和傻傻的感觉。

结婚几个月后，她的生日来到了。马丁问她想要什么礼物，她就作了些暗示，但同时也希望他能够想出一些惊喜来。结果，马丁从露茜所列举的清单上挑着买了两样东西，直接放在购物袋里，并未加包装。他又把购物袋放在冰箱上面，这两样东西从购物袋中露了出来。马丁自己的感觉是对她已经宠爱有加了——从来没有人为他的生日买过两样这么昂贵的礼物。生日到来的前三天，露茜在冰箱上看到了这两样东西，没有包装，这让她感到纳闷并且不被宠爱。但是露茜把这些想法留在了心里。她能说什么呢？

生日到来那天，他们一早醒来——没有贺卡，桌上没有早餐，也没有花。接着，就在他们刚要出门工作以前，马丁从冰箱上取下这两样东西（仍然放在购物袋里），微笑着递给她。顿时，露茜的泪水夺眶而出，她冲出了屋子。

自从那个早上发生了这些事情以后，他们之间的关系就没有再真正地得到恢复。二人也从来对此加以讨论。露茜认定，要么就是马丁不爱她，要么就是他是个天生吝啬、不体贴的人，也许两者都有。马丁也注意到了露茜的态度变得冷淡，他以为这是因为她已经对他失去了兴趣。被拒绝这一模式在他的生命中变得根深蒂固。随后的这些年，二人一直都生活在误会和痛苦之中，一直到最后以离婚告终。

这是一个多么大的悲剧啊！在命中注定的那一天（露茜的生日），他们未能认识到要一起解决他们面对的问题。他们本来可以彼此听听对方童年时每个生日的经历；本来可以好好地表达他们的想法、感觉、期望和失望。他们本来可以认识到，那一天引发冲突其实只有一个问题；他们本来可以轻易地解决这个问题。可是，相反地，这成了他们之间关系的第一个污点。这个污点就像是吸水纸上的墨水一样，渐渐地扩散开去，最终污染并且摧毁了他们的整个婚姻。

如果在你的婚姻中，也有尚未解决的冲突，请你们讨论以下这几个问题：

1. 导致这一冲突的主要问题是什么？

2. 讨论这一问题的最佳时间是什么时候？

3. 我们有没有倾听对方的看法？

4. 我们所能想到的可能的解决方法有哪些？

5. 我们应该先尝试哪一种解决办法？

第十章　设置生活的中心

Centring our lives

婚姻：只有在上帝无限恩典之下才可能存在的荒谬发明。

——加夫列尔·加西亚·马尔克斯[1]

丹说得有理。冲突在我们和那些与我们最亲密的人之间是无可避免的，而且我们并不总是能够轻易地寻找到我们所需要的爱。大部分的婚姻都会遭遇干旱季节。在我们自己的婚姻中，我们发现，上帝的同在是一个生命的源泉。

大卫遇见安妮的时候，二人都是十五岁。十八岁时，他们开始约会。结婚十七年以后，他们的两个孩子已经成长为青少年，这时安妮却想要放弃婚姻。因为来自复杂的原生家庭背景的大卫开始酗酒，以此来应付工作上的各种压力。用他自己的话说："我没有别的什么可以让我依赖的。我身上有一些自己无法对付的弱点。如果喝上一两杯的话，它们就会显得容易应付一些。"

他们的婚姻呈螺旋形下降。大卫那捉摸不透的心情和急躁的脾气常常导致他们之间你一言我一语的批评指责。安妮拼命地守护着属于她自己的角落，可是大卫的讥刺彻底地动摇了她作为妻子和母亲的角色。他们对彼此的尊敬消失得无影无踪。彼此都感觉到莫名的孤单。

1　加夫列尔·加西亚·马尔克斯 (Gabriel García Márquez)，《霍乱时期的爱情》(Love in the Time of Cholera)，(企鹅图书，1989)，第209页。

后来，大卫受邀去参加一个课程，为期十周。那时，他刚开始一份新的工作。但是他知道，如果自己不克制酗酒的话，将无法通过体检，也将因此再度失去这份工作。课程上到第三周，绝望感终于促使大卫将自己的困境告诉了几个课程领导人。那个晚上，大卫敞开自己的心寻求帮助。

对于由此而来的改变，大卫并没有什么心理准备。到了第二天中午，他惊讶地发现自己并没有想要喝一杯的强烈欲望。一般情况下，到中午十一点半时，他已经是在渴望喝上一杯的时候了。午餐时，他则需要喝上好几杯，才能让他度过一天剩余的光阴。就这样奇迹般的，他的酒瘾消失了，没有留下任何身体上的副作用。

大卫开始期待他们的婚姻得到恢复。尽管安妮对于大卫的改变表示怀疑，也为之取笑大卫，但是她和孩子们的确注意到了大卫的改变。当她批评大卫的时候，他不再进行激烈的反击。而且，她也感受到大卫开始重新关心起她来。后来安妮参加了同样的启发课程，主要目的是为了弄清楚大卫到底发生了什么事。当她不断地看到大卫身上所发生的深刻改变时，她也开始改变。而且，对大卫的信心也被重新建立起来。她回忆道："我们之间有了完全的、不言而喻的饶恕。"

在课程持续期间，大卫和安妮不再彼此攻击，相反地，他们开始讨论在每一周中所提出的各种问题。白天，当他们有一方想到一个新主意时，他们就会打电话告诉对方。

爱情开始重新回到他们的婚姻中来，而且日益影响到他们的家庭和孩子们。"大卫开始重新追求我，"安妮说，"而且第二次的蜜月甚至比第一次更好。"对大卫来说，"我们的爱情有了一个更为稳固的基础。我不再下滑，我们之间的新鲜感和新奇感也没有像以前那样逐渐消失。"

有时候，他们仍然会被对方激怒，但是他们对此的处理方式改变了，不再是原先那种睚眦必报、带有破坏性的处理模式。大卫如此总结这一不同："我们变得更能够克制自己，当我们认为自己正在受到对方不当的攻击时，会尽量不去还嘴。我不再总是自我防卫，而是开始敢于相信自己——不是靠酒精的作用。之前，我就像是一枚没有定向的导弹一般。现在，我的里面有一种令我保持稳定的影响力——就像是一个导航仪一样。"

用安妮的话来说："当我们有一方不高兴时，我们会求助。有一种力量让我们里面充满爱，并使得我们的婚姻能够维系下去。"

我们认识很多像大卫和安妮、詹姆斯和安娜（参见第三章）那样的夫妇。

婚姻是上天所赐的礼物

往往在经过了几年甚或只有几个月的婚姻生活以后，我们会发现自己不知不觉地开始关注并挑剔彼此的各种缺点。如果我们能够全心思想拥有彼此的陪伴是多么美好，如果尽量去看对方的各种优点的话，那么我们之间就会相爱更深。

我们不能老想着这样的问题："我怎么会嫁给了我的丈夫，而不是嫁给某某；或是为什么我会娶了我的妻子，而不是娶了某某！"相反地，我们应当为着我们的配偶而经常感恩，这会让我们更加欣赏对方。批评和忘恩负义只会突出对方的缺点。当我们将配偶视为上天所赐的礼物时，我们就能为彼此而感恩。

夫妻应当彼此尊敬

从前的时代，妻子的身份比丈夫低下，丈夫可以随意将自己的意愿强加在妻子身上。根据古罗马法律，丈夫对家庭有完全的权利——他的妻子、儿女、奴隶。丈夫在体力上胜妻子一筹，由此引发的虐待，妻子根本无法受到保护。

因此，有些教导是革命性的："你们做丈夫的，要爱你们的妻子，……丈夫也当照样爱妻子，如同爱自己的身子。"这样的教导也反映出对妇女们的非同寻常的尊敬和关怀。

男人和女人都有同样的价值。当这种教导在欧洲被传开时，也深深地影响了婚姻这一关系。要实践这一价值，就意味着要在婚姻中尊重彼此、看重彼此的各种观点。它排除了丈夫或妻子想要在各种影响夫妻双方的决定中将自己的意愿强加给对方的可能性。

爱的源头

许多人步入婚姻时都对他们的配偶带着不切实际的预期：他们盼望能够在彼此身上找到自己需要的所有答案；他们对于安全感的缺乏能够通过对方无条件且永不止息的爱获得解决；他们的生活会因为二人之间的关系而获得终极目的和意义。但是，经验告诉我们，我们的配偶永远无法完全满足我们的这些需要。除非是上帝才能够满足。

那些结婚时以为配偶能够满足自己内心最深处需要的夫妇，最终将会感到失望。不切实际的期望会导致对对方的各种要求，再接着就是各种指责，如下页中的图所示，这将形成一个下降的螺旋。

但我们可以期待更高的力量，给我们带来所缺乏的爱、忍耐、盼望、饶恕和勇气（或者任何别的东西）。

　　最近，我们听说了一对夫妇的事情。这对夫妇名叫比利和黛比，住在北爱尔兰。他们结婚已有八年。他们的婚姻简直是一场噩梦。婚后第二年，比利的妈妈就因为癌症过世了，他的爸爸也因为一次车祸过世。用比利自己的话说："当爸爸去世的时候，我决定自己永远都不要再受到这样的伤害了。我有意识地让自己变得冷酷无情，不与任何人亲近。甚至到了一个阶段，我真的变成了一个很恐怖的人……我的脾气很坏，别人与我在一起根本得不到什么乐趣。"

　　当黛比的妈妈去世时，对她的痛苦比利无法给予任何帮助，他也不愿帮助："我想，'当我父母去世的时候，黛比并没有给我多少帮助，为什么我要帮助她呢？'这意味着黛比不能和我分享她的任何感受。相反地，我开始对她横加指责，整个家庭都快要散架了。"

　　后来，他们一起去了巴黎，想要重新找到婚姻中的爱。但是却劳而无功，他们发现自己都无法跟对方说话。黛比说："我们之间的关系就要完结了。所有的一切都在快速下滑，我对此无能为力，比利也是。"照比利的说法："我知道我爱黛比，但这是一个不断下滑的螺旋。我们在螺旋形下降，已经控制不住。最后只有一个结果——分居。"

　　就在那时，他们遇见了一对夫妇，他们邀请比利和黛比参加在他们家中举行的课程。让比利和黛比大为惊讶的是，他们发现自己被这个课程深深地吸引了，对耳中所听到的内容也越来越感兴趣。比利如此描述上课三周之后所发生的事情，那时黛比已经决定改变自己。

　　"在接下来的几周中，我开始原谅每一个曾经伤害过我的人，我也感受到心里的苦毒被挪去了。"

黛比这样描述这对他们之间关系所产生的影响："从那以后，我们的婚姻开始改善，大大改善。就好像我们又重新开始了，好像以前的这些年日一点都不算什么。我觉得自己好像从来没活过，这才是第一次睁开眼睛一样。"

"至于比利，他好像完全换了个人——更加有爱心，也更加关心人。我又一次爱上了他。"

黛比接着说："在参加这门课程以前，我觉得自己在没有爱的情况下生活了这么久，已经无法再给别人爱，也不想从别人那里得到爱了。而现在，我觉得，如果自己再多接受一点爱的话，我的心简直就要胀破。"

比利总结道："我生命中发生的事情是令人称奇的。我是你所见过的最不温柔的人，可是我完全被改变过来。耐心本不是我的美德——我没有忍耐，可是现在，毫无疑问地，我似乎很有耐心。我发现自己很少发火，也很少提高嗓门。如果靠我自己的话，是不可能在自己身上造成这么大改变的。

呼求帮助能够给婚姻带来一股从外部源头而来的力量。因为我们知道并且体验到自己被热烈地、无条件地爱着，所以我们能够自由地去爱人。

结 语

　　各样的差异和分歧并不一定会摧毁一个婚姻，它们甚至有助于巩固、培养我们彼此的关系。婚姻并不是要压制我们的个性，而是要我们讨论彼此不同的观点，寻求彼此理解，找到能够融合我们各人智慧和才能的方式。当我们这么做的时候，我们就会发现，那些威胁要拆散我们的问题反而使我们更加靠近对方，让我们的婚姻得以继续前行。

·婚姻黄金法则第四条·
讨论你们的不同点并且一起寻求更大的帮助。

第五部分
饶恕的力量

SECTION 5
THE POWER OF FORGIVENESS

THE MARRIAGE BOOK

第十一章　亲密感是如何失去的
How can intimacy be lost

不可含怒到日落。

——保罗

　　离举行婚礼还有两周，黛博拉最后一次去试穿婚纱。"我从办公室出发，打了一辆计程车。时值圣诞，所以伦敦非常忙碌。"她解释道，"当时交通堵塞，但是我感到异常兴奋。正在这时，我看到迎面走来一对情侣，互相搂着对方。看着他们，我心里想：'哇！他们真是很般配。'"

　　"计程车渐渐靠近他们，我所看到的令我大吃一惊，这居然是麦尔斯——我的未婚夫。他手臂里正搂着另一个女人。而且，我认识这个女人。她是麦尔斯和我约会之前的女朋友。我好像在看一部恐怖片一样。"

　　"计程车开得很慢，我可以多看他们一会儿。我心里想：'我该怎么做？要从车里跳出去吗？'我的心跳得疯狂的快。我无法相信自己的眼睛。接着，我看到他们到了她的办公室门口。他们互相道别，亲吻对方。虽然这不是深情一吻，但的确是一个吻，这就够了。正在那时，我所坐的计程车突然提速了，我到了试婚纱的地方。我难过得甚至哭不出来。"

　　"在试婚纱的时候，我不断催促他们要快一点。我只想做一件事，就是给麦尔斯打电话。当我终于可以这么做的时候，我就立刻打电话给他，问道：'你午餐吃得好吗？'他回答说：'你是什么意思？'我说：'我什么都看见了！'他又问：'你是什么意思？'我又说：'我什么都看见了。'他回答道：'哦，我早上想告诉你的。我有打电话给你，想告诉你我今天中午要和安妮一起吃午饭。'"

"我砰的一声挂断电话，回到办公室，号啕大哭，一直到双眼红肿。麦尔斯试图打电话给我，但是我拒绝和他说话。第二天，当我试着向他解释我看到这一幕时有什么感觉时，他却对此无法理解。"

"接着，我们结婚了。可是，雪上加霜的是，这个故事变成了一个笑话，不断在各个派对上被提起。麦尔斯把它当作他的一个拿手好戏：'猜猜看黛博拉去试婚纱那天发生了什么……'"

麦尔斯讲述他的故事

"我真的把这件事给搞砸了。当时我想，在结婚之前，我有必要向安妮道歉，因为那时我结束我们关系的方式并不恰当。安妮和我共进了一顿非常美好的午餐。我为自己做了这件事情而感到非常开心。那天早上的时候，我给黛博拉打了几次电话，想告诉她我要做什么。不幸的是，我未能找到她。"

"当我向安妮道歉了以后，我们两个人就都觉得松了一口气。所以我就搂了她，并且在离开之前，大大地亲吻了她一下。我一回到办公室，黛博拉就打电话给我，问我：'你午餐吃得怎么样？'我告诉她：'我曾打电话找你。'所以，就我而言，我已经做了自己能做的事情，而且我的意图也是很正当的。事实上，我觉得我没做错什么。我从未曾对黛博拉说对不起，因为觉得没有这个必要。"

"后来，在美满婚姻课程上，当我们被要求写下一些彼此伤害的地方时，我们二人都想到了大概四到五件事情。黛博拉所想到的事情都是很久以前的，而这件事肯定是第一位的。所以我们就开始为此讨论。"

"我真的努力尝试从她的角度去看这件事情。坐在一辆计程车上，看见你的未婚夫搂着另一个女人走在路上。不管他们这样做有什么理由，毕竟被你撞见了，而且你所受的伤害从来都没有被对方承认并且理解，我想这就是问题的所在。但即使如此，我还是十分不情愿地说：'好吧，那我们现在就来处理这件事情。'"

"当我说了对不起以后，我才意识到这件事情对黛博拉带来的伤害。所以我对她说，我真的很抱歉。并且我也请求她原谅我。她真的这么做了，真是太好了。一步一步地经历这个过程是一种深刻的体验，它让我们能够正确处理这个过程中出现的各种情绪，而且使得我们变得更加亲密。"

黛博拉的总结

"因为这件事情已经变成了一个好玩的故事，所以，当我真的开始和麦尔斯谈论起来时，我发现自己已经把这些难过的情绪压抑起来了。但是，我仍然继续地感到受伤。每次提到这个话题时，我所受的伤害就会增加一点。但是，因为我觉得麦尔斯是不会听我的话的，所以我就一直努力不让这件事影响我。在上美满婚姻课程的时候，麦尔斯第一次认真聆听了我的感受。这让我感到我的这些情绪都是正常的，而且他也理解我的那些感受。对于我来说，这很重要。我因此也能够原谅他，并让这件事情过去。"

处理好彼此间的伤害能够恢复信任。信任对于婚姻是至关重要的，如同玻璃之于窗户一样。玻璃的功用在于让光线射进来，同时将风雨挡在外面。玻璃作为最坚硬的一种材料，能够抵御住最猛烈的风暴。但是，它也会因砖头或锤子的一击而变得粉碎。

丈夫与妻子间的信任，不管有多么牢固，也是同样的脆弱。它可以因为某一次的出轨、虐待或是暴力而化为粉碎。或者，它也会因为堆积起来的"善意"谎言、欺骗、批评或是无情而被摧毁。这些行为就好像灰尘一样，会在窗户上积聚起来，进而挡住光线。

亲密的关系是建立在信任和敞开之上的。这两个特征彼此相属，而且彼此培养。当夫妻之间互相信任的时候，他们就能向对方敞开自己内心最深处的各种感觉，包括各种希望和害怕、快乐和忧伤、思想和梦想等。他们会让对方进入他们的内心世界，真实地认识他们。这种敞开又会使信任变得更加牢固，借此，又会导致彼此更多的敞开。

当我们彼此伤害时，不管是有意还是无意，信任就会被破坏，我们都会变得不那么敞开。当受到伤害时，我们会倾向于封闭自己，有时候这是无意识的。我们会与伴侣保持距离，以保护自己不会受到更多的伤害。伤害越大，对信任的破坏也就越大。

常常，婚姻中亲密关系的破坏并不是因为某一次蓄意的行为，而是由于积累起来的、未被讨论、未被医治的各种小伤害。一个婚姻失败的丈夫，他用悲伤但又感人的笔调描绘了他和妻子之间的境况：

> 毕竟，我们的婚姻并不像地狱一般可怕，只是变得毫无生气。我妻子和我并不彼此憎恨，只是被对方弄得心烦意乱。这些年间，我们双方都累积了许许多多琐碎但又未被解决的积怨。我们的婚姻变成了一个被各种小小的失望和不满所重重包裹的机器，其中没有哪两个零部件是紧密配合的。[1]

每一次，当我们向对方作出没有爱心的举动时，就会导致伤害：当重要的决定没有经过事先商量就做出时；当想要进行一次亲密交谈的愿望遭

---

[1] 约翰·泰勒（John Taylor），《坠落》（*Falling*），（维克多·戈兰茨出版社，1999），第3—4页。

遇冷淡时；当批评多过鼓励时；当我们双方共度的时间被别人或其他活动所占据时；当生日却没有出现礼物或是结婚周年纪念日被忽略时；当自私和懒惰取代爱心的举动时；当善意却被报以忘恩负义时；当想要拥抱对方时却听见对方说："你没见到我很忙吗？"

即使是在最有爱的婚姻中，配偶也仍然会有被伤害的时候。这些伤害有时是刻意的，但通常是无意之间造成的，而且我们不会意识到自己所给对方造成的痛苦。像这样的伤害必须得到解决，才能让信任和敞开得以成长。事实上，医治伤害的过程本身就能建立更多的理解和亲密。但是，当伤害没有被疗愈时，我们内心四周的墙体就会变得越来越高，上面的水泥也变得越来越硬，直到亲密感完全失去了，有时甚至连婚姻也变得不复存在。

在本章中，我们希望能够提供一些工具，使我们能够解决过去所发生的伤害、拆毁任何已经建成的高墙，防止将来的伤害产生同样严重的后果。这个过程并不复杂，但很有挑战性，总是涉及一个选择的问题。这个选择就是：我们是要任由伤害郁积溃烂、败坏我们的关系，还是愿意去对付这些伤害。我们越是敞开心来解决这些伤害，这一解决伤害的过程就会越显简单。但是如果我们未能如此去行，那么即使是一些比较次要的问题也能变成将我们彼此隔离的大山。[1]

发怒

在伤害发生以后，有时甚至只是眨眼之间，就会出现第二种情绪：怒气。伤害是我们对自己的感受，而怒气则是我们对那些使我们遭受伤害之人的感受。

1　这一部分我们特别感谢大卫和特雷莎·弗格森（David and Teresa Ferguson），他们所著的书《亲密的邂逅》(Intimate Encounters)（尼尔森出版社，1997）和他们的家庭生活给了我们许多的洞见和鼓励。

发怒这一感觉本身并没有错，认识到这一点是非常重要的。可能会导致破坏的是处理这一感觉的方式。有两种动物，犀牛和刺猬，它们受到身体伤害或威胁时的反应可以说明两种典型的人类的反应。当犀牛被激怒时，它的反应是很有攻击性的，它很可能会对你发起攻击。反之，当刺猬面对困难时，会立刻竖起全身的刺，形成一面保护屏，以此来使攻击者与它保持距离。

正如动物们会对攻击有不同的反应一样，当人们受到伤害而发怒时，也会有不同的反应。这些反应通常有两种主要模式。从美满婚姻课程学员的举手表决来看，每种模式的人数大概各占一半。一半的人就像犀牛一样：当发怒时，他们会让你知道。而另一半人则像刺猬一样：当发怒时，他们会隐藏他们的感受。他们会变得沉默或者退缩。这不是说他们对自己的怒气什么都不做。只是他们会选择用不那么明显的方式来表达：他们可能会压制自己的感情、对伴侣的聆听突然变得有选择性，或者会当面贬低伴侣。这一类的人有时会认为自己比犀牛们更有德行，但是他们的反应其实带有同样的破坏性。

像我们一样，许多夫妻的反应模式都不相同，一个人的反应有点像犀牛，另一人则更像刺猬。第八章中所提到的扔苹果事件非常形象地表现出希拉所属的类型；而接下去的这个故事则表现出力奇可能会做出的自然反应。

力奇　希拉和我之间的其中一个差异就是当我们晚上去参加派对时，我们有不同的离开方式。我的方式是，当我们双方已经同意是该回家的时间了，我就向男女主人说"谢谢"和"再见"，然后就离开。而希拉的方式则是先开始道别，然后就被卷入一场谈话，通常这一次谈话会成为整个晚上最为有趣的谈话。

在经过了三十二年的婚姻生活之后，我已经发现了，如果我们要想按照事先约定的时间到家，那么我们就必须在汤上来的时候就开始告退。

我记得有一次去参加一位好朋友的生日派对。因为第二天会特别忙，所以我们在去参加派对的路上就同意一定要在午夜之前到家。要达到这一目的，我决定把回家的时间算成平时的两倍。因此，晚上十一点半，我们二人就开始要离开。我适时地说了再见，然后为了能强行拉走希拉，我就去开车。我们的车停在朋友家那段路的另一头。我就把车开到朋友家门口。因为街道非常狭窄，我只能把车停在另一辆车的旁边。停好后，我就开始等希拉来。

十五分钟过去了，没有来的迹象。我决定再绕一圈停一次车。第一次尝试已经很困难了，事实证明，这第二次尝试也未必简单多少。停好车，我重新走向朋友家，按了门铃，走了进去，发现希拉正站在地下室台阶的最下面，与我们的女主人相谈正欢。

为了不破坏聚会，我就把笑容固定在自己脸上，提醒希拉，我刚才在车上等她，而且时间已经过了午夜了。希拉回答说："哦，我都不知道你已经走了。"听到这话，我所要对付的已经不只是晚回家的沮丧感了，而是希拉甚至没有注意到我退席的事实。我第二次去开车，大概十分钟后，希拉来了。

在回家的路上，我们谈论着这个晚会。希拉对于派对上所遇见的人以及所发生的一些有意思的谈话感到兴奋不已。而我呢，作出一个愉快的样子，心里却是怒火中烧。我们的所思所想完全南辕北辙，这真是令人称奇。谈话间，我也在考虑着要不要告诉希拉我的沮丧感，以及我们的入睡时间将会比所计划的晚很多。我不想破坏希拉的愉快心情，但是另一方面，我发现自己无法像她那样放松自如。

最后，在与隐藏自己感受的倾向争斗了一番之后，我尽量显得随意地说："你有没有想到我在车上等了你十五分钟？"希拉当场怔住了，她看着我，充满焦虑地说："哦，不！你在生我的气吗？"

我把自己的真实感受告诉了希拉，她立刻就说："我感到非常抱歉，请原谅我！"一旦当我把情绪摆出来后，原谅就变得容易了，而且我这恼怒的感受很快就消失了，甚至比一开始积聚起来的时间还要快。

我将怒气埋在心中的倾向可能比希拉将怒气发泄出来的倾向更具破坏性。为了拥有一个稳固的婚姻，我不得不去学习表达自己的感受，而同样的，希拉也不得不去控制她自己表达感受的方式。

报复

如果伤害和随之而起的怒气一直得不到解决，那么接下去我们会有的一种本能的反应就是想要报复的欲望：伤害还伤害、侮辱还侮辱、拒绝还拒绝。我们想要报复，尤其想要让我们的配偶知道被这样伤害的感受。我们一定要扯平！

有一次暑假，我们开车去了希腊最南端一个叫马尼的地方，这地方属于伯罗奔尼撒半岛的一部分。那里气候炎热，人口稀少。但是，却有许多残存下来的荒无人烟的村庄遗迹。这些迹象显示，这里曾经人口众多，远多于现在的人口。令我们大惑不解的是那些高得超乎寻常的塔楼遗迹。我们了解到，这些塔楼是房子的一部分，它们是同一村庄里不同家族之间世代斗争的结果。

一个受到侵犯的家族会将他们的房屋建得比周围房子高一点，好向他们的对手扔石块或浇滚烫的油。然后，他们的邻居就会建造更高的楼，来占领这一优势，进行报复。

这些世仇最终使得全村崩溃。在婚姻中，当夫妻双方决意要进行报复、找回公平时，他们的婚姻会变成像这个村庄一样。在这种冤冤相报的模式中，没有一个婚姻能够幸存下来。

向害怕屈服

对于伤害的第三个反应就是害怕：因为害怕再次受伤，所以我们就选择退缩。特别是那些像刺猬一样的人更是如此。他们会与他人保持距离，借此来保护自己。我们不再敞开，也关闭所有深层次的谈话。

用C·S·路易斯的话来说：

> 爱就是让自己变得脆弱。要爱上什么东西，你的心就必定会痛，而且很可能会破碎。如果你想要让自己的心完整无损，那

么就绝不要将心给任何人，甚至连动物都不可以。你要将自己的心小心地包裹起来，用种种的爱好和小小的享受包裹起来；要避免任何的牵连；要将它安安全全地锁在首饰盒里，或是锁在自私这一棺材里。但是，在那个首饰盒里——安全、黑暗、静止、密不透气的首饰盒里，它是会变化的。它不会破碎，但是会变得牢不可破、难以穿透、不可救药。[1]

带着罪恶感

在婚姻中，伤害永远都不是单向的。我们给予，但也获取。如果我们不能坦率地承认我们对配偶有过伤害，而一直带着罪恶感生活，这会对婚姻产生极大的杀伤力。我们如果否认自己应负的责任、自欺欺人，很快就会导致夫妻情感上的疏离。

伤害的四种后果——怒气、报复、害怕和罪恶感，会潜伏在婚姻的表面之下。这些未被解决的给婚姻带来的伤害就像战争留下的令人头痛的雷区一样危险。因为这些雷区隐藏不见，却有致命的杀伤力。婚姻也是如此。也许表面上所有一切看起来都很好，但是其中一方或是双方都必须小心翼翼地行走，因为不知道下一次爆炸何时会发生。随着时间流逝，各种各样的抱怨和不满被不断累积起来。逐渐地，信任感和心灵的敞开消失了。最终，亲密感也被扑灭了。

当婚姻中发生这些事的时候，会有一些征兆，这些征兆可能有：缺乏沟通、批评、发怒、憎恨、对彼此不感兴趣、不愿做爱、喜欢独自做事。同时，可能还有别的一些情感上的后果，比如自卑和沮丧感。对某些人而言，他们会让自己尽量不要动感情，免得自己痛苦。

1　C·S·路易斯（C. S. Lewis），《四种爱》（*The Four Loves*），（冯特，哈珀·柯林斯宗教出版社，1998），第116页。

一对婚姻濒临破裂的夫妇说了这样一番话："我不再感受到爱。事实上，我不再感受到任何东西。我只感到麻木。"这并不让人惊讶。要想让爱情、浪漫和吸引等正面的感觉回到他们的心里，就必须先解决掉那些积聚在他们心中的尚未治愈的伤害。并不是爱情没有可能恢复，而是它已经被伤害和怒气挤出去了。

作家瓦莱丽·温莎（Valerie Windsor）讲述了一个英国女性如何在巴黎度假时一时冲动决定离开她丈夫的故事。显而易见的，她和她丈夫之间曾经拥有的亲密感已经消失得无影无踪了：

> 我努力在想我究竟为什么这样做，可我就是想不出来。我的意思是，究竟是什么特别的事情让我偏偏选择了那个时刻。那是个奇怪的午后。我不知道自己是怎么回事。外面刮着风：风的声音，塑料椅子刮擦着地面的声音，让我的脑袋里开始产生一种奇怪的感觉。托尼选了那家咖啡馆：一家出售昂贵的鸡尾酒的高档酒吧。

> "这可以吗？"他说，"这里？"一边说一边拿出手帕轻掸着椅子。"先不要坐下去，"他说，"它们还没有擦过。"尽管我穿了一条白色裙子，但我还是看也不看就故意坐下了。他对这些事情格外留意让我很烦，一个男人根本不应该对这些事情大惊小怪的，男人甚至不应该注意到这些事情，我就不在意。难道他是在暗示我应该注意到吗？难道是因为我根本不在乎这些事情，他不得不自己去做吗？我头脑中那奇怪的感觉变成了一种又细又高的蜂鸣声，好像有一只黄蜂被困在我头骨的空洞里面了。

> "你想来点什么？"他问。

> 那是六月份吧，对，好像是五月或六月了，但还是冷。路边的餐馆算是暖和的了，但人坐在那还是想来杯热饮料。

"咖啡。"我说。

他读着菜单。他的身后有一排盆栽，上面有一些带刺的橙色花朵。

"塑料的。"托尼转身去看。

"是吗？不会吧！"我弯下身去，摸了一下。我真希望它是真的，是活的，连那毒刺也是真有那么危险。但是他是对的，那是假的，是塑料的。我脑袋里的蜂鸣声愈发厉害了。

"怎么啦？"他问。

我撒了一个谎。"好像有一只黄蜂。"

"在哪里？"

"我不知道。"

任何的不确定都会让他暴跳如雷。"噢，要么有，要么没有。"

"我不知道是怎么回事。"我说，手指头按着我的两个太阳穴。然后，服务员过来了。

"两杯咖啡。"托尼说，看也不看那服务员一眼，我只好代表我们两人朝他笑笑。

服务员也向我笑了一下。"好的，"他说，而且擦了擦桌子。托尼向后一仰，背靠椅子，呼出一口气。"哦，味道不错。"他说。

　　就这样，这就是我们之间发生的一切了。任何事情都不会有什么气氛。前一天看错地图而导致我们在诺伊迷路的不快没有人再提及。而且，我们有一种默契就是从来不去提及每个平常夜晚所发生的不快之事，免得搅动表面的平静。但每晚的循规蹈矩的生活很难让我将它们和爱情联系起来。

　　我坐在那里，两手交叉放在膝上。头脑中的蜂鸣声变得越来越尖细，好像电钻在骨头里发出的嗡嗡噪声。我站了起来。[1]

她站了起来，离弃了她的婚姻。

　　在现实生活中，有太多的人离弃了他们的婚姻，可是内心里仍然充满了各种未被解决的情绪。当他们带着这些情绪进入下一次的婚姻关系时，这些未被治愈的伤害会成为下一次婚姻破裂的原因，而且常常会破裂得比前一次更快。有些人结婚数次，可是每一次，他们的婚姻都因为相似的理由而破裂。

　　"不可含怒到日落"，怒气，不管是被表达出来的还是被压制下去的，必须得到解决，而且里面所隐含的伤害必须得到医治。只有这样，才能让关系成长。好消息是，我们不必任由这种伤害来摧毁我们的亲密关系。在接下去的一章中，我们描述了一个如何解决伤害的过程，这做起来可能很难而且代价高昂，但是它能让我们和我们的婚姻得到释放。

1　瓦莱丽·温莎（Valerie Windsor），《新鲜人才》（*Fresh Talent*），（W. H. Smith），第39–40页。

第十二章　如何恢复亲密感

How can intimacy be restored

饶恕并非偶发的举动，而是一种持久的态度。

——马丁·路德·金[1]

弄清问题的实质

为什么亲密感会丧失，对此我们可能会更多地关注各种表面的征兆，却忽略了问题的根源。

力奇　1985年，当我们刚搬到伦敦的时候，我发现，工作所要面对的问题要远超过我所接受的训练。有一次，外面下着倾盆大雨。厕所的排水管堵塞了，我们房子隔壁的街区积水有六英寸之深。我和青年团契的德里克去处理这个问题。我设法打开了排水管上面的盖子。下水道完全满了，水中搅动着各种堵塞物。在那个时候，我们简直来不及细想，因为眼看就要发水灾了。

我们试图用排水杆排除堵塞物，可是很快就意识到，从上面是不可能做得到的。必须有人下到及膝深的排水沟里去，从那去排除堵塞物。

1　马丁·路德·金（Martin Luther King Jr.），引用在杨腓力（Philip Yancey），《恩典》（桑德凡出版社，1997）。

我还没来得及说要下去，德里克——我有幸认识的一个最无私的人，已经在下面了。他一只手握着排水杆，蹲在沟里，臭气熏天的污水漫到他的腰部。他用尽全身力气推拉着排水杆，过了一会儿，沟里发出一阵悦耳的汩汩声，接着又是一阵水流急冲下去的美妙声音，因为堵塞物被清除了，污水被迅速地吸收下去了。很快，街区干净了。我们用管子接上清水将街区（还有德里克）冲了个干净，臭味没有了，危机也过去了。

假如德里克和我没有直接处理那个堵塞物，而是努力地用拖把擦拭地表的污水，这是没用的。因为雨接着下或是有人冲一下厕所，街区仍然会水灾泛滥。

反思那些我们曾经伤害彼此的地方可能会是一个令人痛苦又棘手的过程，而且我们会本能地想要逃避。但是，当夫妻双方都鼓起勇气来面对过去，那么所产生的结果将会带来长远的改变。如果在我们的关系中有一些积压起来的、未被解决的伤害和怒气，那么我们就必须要借着做以下几件事来清理被堵塞的排水沟：

1. 谈论伤害。

2. 准备好说"对不起"。

3. 选择原谅彼此。

这一过程就像是一个疏导伤害的排水沟一样，能够阻止伤害破坏我们的关系。一旦当我们清理了积累有数日、数月甚至数年之久的未被解决的问题之后，我们就必须作一个选择，就是在每一次大大小小的伤害发生时就立刻解决它，永远不要让这样的积累再次发生。

对于那些结婚已有很长时间、从未有效处理并解决棘手问题的人来说，这一包含三步骤的过程将需要时间，而且具有挑战性，尽管最终能带来释放。各种正面的情绪也许不会立刻就回到婚姻中，但是如果我们坚持下去，这一医治伤害的过程将会变成一种根深蒂固的习惯，而且我们的婚姻也将朝着好的方面转变。

谈论伤害

希拉　力奇和我结婚大概有九个月的时候，我们受邀去庆祝一位朋友二十一岁的生日。一想到可以有一个田园诗般的周末，我们都感到特别兴奋。但是，在去的路上，力奇说了或者做了什么事情——我现在记不得到底是什么事了，真的伤害了我，而且让我感到很难过。虽然我感到非常愤怒，当我们到达那里的时候，我心里想："我不会让这件事破坏我的周末。"我想要说服自己，没事的，不要紧的，我们会过一个很棒的周末的。

我努力想要忘掉它，想要把它压到心底，假装它会自动消失。但是事实上，它变得越来越严重，我心里的情绪快要沸腾起来了。我发现我无法通过对自己说"我很爱他，所以当他伤害我时，我会不加理睬"之类的话来原谅他。我无法控制自己，一次又一次地重温着这一事件。我内心的愤怒非但没有减轻，反而变得越发严重。

最后，我实在忍受不住了，我知道我必须告诉力奇，让他知道我的感受。我很可能选了一个最差的时机——就在派对开始之前。但奇妙的是，我们一下子完成了整个过程：我告诉力奇他伤害了我，他向我道歉，我也原谅了他。这对我们的婚姻是一个新发现，也是一个功课。它让我们认识到，饶恕并不是说"这不要紧"。伤害的确是要紧的，而且是需要面对的。

这就像是作一个跳进排水沟的决定一样。假装一切都好是没有用处的。伤害就像那些你可以放在海水里玩的巨大的塑料沙滩球一样。你可以艰难地把球压到水下一会儿，但是突然地，在不经意之间，它会嗖的一声射回到水面上来。

我们必须告诉我们的配偶，他们在何时以何种方式伤害了我们。我们不需要用一种严厉的或是批评的方式来告诉他们。事实上，我们必须温柔，尽可能地让他们的道歉变得容易些。先预演一下第9章中所提供的建议是非常值得的，就是多使用"我"的话语。我们的目的并不是要对自己伴侣的品格进行全面批评或攻击，而是要让我们的配偶认识到我们对某一件特定事情的感受，正像黛博拉告诉麦尔斯的，他把和前女友共进午餐的事情当作故事告诉别人会让她觉得痛苦一样（第11章）。

所以，举例来讲：

"前两天晚上在床上的时候，你不理会我，这让我感到很受伤，而且被拒绝"要比"你从不对我表示身体上的爱意"更有用。

"我在为圣诞节装饰房子的时候付出了许多辛勤的劳动，你并没有注意到，这让我感到缺乏支持，也不被认可"，比起"你从不会对我所做的事情表示感激"好多了。

"关于那封信，你没有对我说实话，我还没有从这件事中恢复过来"，这句话比起"你是个骗子，我无法信任你"更容易让对方回答。

"我们度完蜜月回来后第一个晚上，你就跑到酒吧里去了，这让我非常难过"，这句话比起"你的朋友们比我对你更重要"要有用得多。

"今天晚上，你当着朋友们的面说我'太慢了'，这让我感到受到伤害和侮辱"，这句话要比"今天晚上你捅了我一刀"要温柔得多。

我们也许会觉得我们的伴侣就像是一头犀牛，皮很厚，眼光又很浅，四处乱撞，攻击人，制造破坏。如果真是这样的情况，那么他们就可能不会轻易地认识到他们伤害了我们。然而，伤害的严重性并不在于我们的配偶是否有意伤害了我们，正如一位婚姻咨询专家所说的："我们并不常碰到许多事先预谋好'我要怎样摧毁这个婚姻'的人"。

我们需要经常性的、私下的机会来处理这些或大或小的伤害彼此的地方，好让我们不至含怒到日落。希望这样的需要不会常常发生，特别是在我们刚结婚的那些日子。但是，事先约定好如何处理有伤感情的事情，这是非常重要的。因为，我们迟早会遇到这样的伤害，即使是在最为和睦的关系中也是如此。

准备好说"对不起"

在二十世纪七十年代，当电影《爱情故事》（Love Story）广为宣传时，总会引用影片中的一句话："爱就意味着不用说抱歉。"这句话实在是错得不能再错了！在一个真正充满爱的关系中，我们常常需要向彼此道歉，甚至也许每一天都需如此。

我们中大部分人都不喜欢为我们的错误承担责任。父母们常常可以在孩子们身上看到这一点。他们之所以不情愿地道歉，只是为了避免产生更多令人不快的后果。我们会轻易地对我们所做的事文过饰非，却去责怪别人。有些人会责怪父母养育他们的方式，还有些人责怪他们所处的环境，说"要是我们的钱再多一点就好了"或是"要是我没有这么多的压力就好了……"借此来开释自己的行为。

> **力奇**　记得一些年前，我在医院遇到一位女性，她身患肺癌，非常严重。她请我和她一起祈祷。于是我说请饶恕我们所做错的各种事情。

她听了我的话，立刻停止，睁开眼睛，对我说："我不能说对做错的事情感到抱歉。你看看，我没有做什么错事。我努力做到对每一个人都友善。偶尔，我确实对人有不好的想法，但是我会尽可能快地消除这些想法。我不知道你能否为我的丈夫祈祷，因为，你看，他的脾气非常坏，对待我就像对待一个佣人一样。"

后来，当我和病房里的护士谈论时，她们告诉我她是她们所照料过的最难伺候的病人之一。

我们往往很难承认我们在别人所受伤害中负有责任。但是，我们需要换位思考。当我们的配偶知道我们真的了解他们受伤害的程度，那么我们的道歉就会有更多的分量。如果他们觉得我们并没有真正了解我们对他们所造成的伤害，那么他们就会担心我们会再一次轻易地伤害他们。有一些事情，比如麦尔斯和黛博拉的故事，虽然可能让我们觉得这是小事甚至很幽默，但是我们需要去发现这些事情是否给我们的伴侣造成了很深的痛苦。

要使我们的道歉有效果，那么这些道歉就必须是无条件的。所以，不要说"如果你通情达理一点的话，我就不会发脾气了"，或是"要不是因为你使我们迟到了，我就不会忘记去寄那封信了"；我们需要咽下我们的骄傲，简简单单地说："对不起，我发脾气了！"，或是"对不起，我忘记去寄那封信了！"

同样地，我们需要确保我们的语调和身体语言不与我们所说的话发生矛盾。我们有可能嘴上在说"对不起"，可是所表现出来的意思却是"对不起，但是……"或是"其实是你的错"。

真诚的、无条件的道歉在婚姻中是非常有力量的，因为我们不再需要站在防守的地位，不再需要睚眦必报，也不再需要彼此伤害，像一场针锋相对的战斗。突然间，我们站在了同一边。这使得怒气得以消散，伤害得以治愈。

选择原谅彼此

这是第三步，对许多人而言，也是这一过程中最具挑战性的一部分。饶恕是必不可少的，而且饶恕具有无与伦比的力量，能够给婚姻带来医治。我们在第3章中讲述了詹姆斯和安娜之间如何和好的故事。要是他们之间没有彼此的饶恕，和好是不可能发生的。我们询问了他们这是如何发生的。

詹姆斯 1987年1月，安娜离开了我。我清楚地记得，自己当时努力想要告诉公司里的朋友们发生了什么事。至于事情发生的原因，这就更难讲述了。其实，这与我们之间缺乏沟通有很大的关系。但是，即使是现在，我仍然不太清楚究竟是什么原因使我们婚姻破裂。我的朋友们都很友善，也很有同情心，但是他们所能说的最有帮助的话也就是："时间能够治愈你"。但是，日复一日，月复一月，我仍然没有什么被治愈的感觉。事实上，我的痛苦开始演变为愤怒与遗憾调和的鸡尾酒，而这给我带来更多的痛苦。

记得早上醒来以后，我立刻就感觉到自己像是处在一个特别深的黑洞里。好像我的思想滞后于我的心灵感受，我需要一些时间才能回忆起到底发生了什么事。两年前，当我父亲过世的时候，我在接下来的那几个月也有相似的感受。

有一件事情一直让我无法忘怀。安娜搬走后几个月，她想要回家来收拾一些剩下来的物品。我还记得当时我更换门锁的场景。不是因为我不相信她，而纯粹是因为我想要伤害她。这是一个最糟糕的时刻,因为我知道我的行为是错的,但是又毫无能力来阻止我自己。两天后,我坐在飞机上离开伦敦去印度度假。我记得,当我看到在飞机下面的伦敦,又想到自己所做的事情时,我哭得无法控制。

1987年12月,当我接受一位同事的邀请,来到布朗普敦时,这件事又在我心中浮现出来。我为自己更换门锁的行为感到深深的懊悔,也想要从这一越来越黑暗的阴影中解放出来,这阴影已经变成了我的生活。我又一次哭了,但是这次是不一样的泪水。现在,我不是在请求帮助让我能够原谅安娜,而是在为我自己请求饶恕。我是在为我自己而哭,为在婚姻破裂这一事件中我所需要承担的那部分责任而哭,为我自己缺乏一颗敏感的心而哭,为我自己一心追求事业上的成功、不去管我们的婚姻需要付上什么代价而哭。礼拜结束后当我离开时,我并没有感到高兴一点——环境仍然没有改变:安娜还是在和别人同居,仍然想要离婚。但是,在近一年的时间里,我第一次感到又活过来了。

我无法诚实地告诉你这个变化是怎么发生的。我发现自己能够原谅安娜了,原本像毒药一样留在我身体里的怒气也好像全部都消失了。就在那个时刻,上帝改变了我生命的方向。现在,当我看到安娜和我们的两个漂亮女儿时,我就会感谢他。

安娜 詹姆斯对我的饶恕是如此完全,以至于一开始我除了感到很释放,也感到大感不解。他怎么能够真的原谅每一件事情、每一个伤害,一次都不提到我所做错的一些事情,也从不用这些事情以某种方式来攻击我。不管我多少次问他:"你真的确定原谅我那件事吗?"他的答案总是："是的，不要再去想这件事了。"

詹姆斯 有时候，人们会以为形势发生急转之后，接下来就是一系列美妙的罗曼史，其中没有争吵，没有紧张关系，没有伤害，也没有误会。虽然饶恕这一行为是一瞬间发生的，但是我们仍然需要理出那些导致我们一开始婚姻破裂的各种复杂问题。活出饶恕已经成为我们双方都想要参与的一个过程。

就我来说，我把我们共同的新生活视为不断进行的一系列的选择，在其中我们尽可能敞开地活在上帝面前，活在我们的配偶面前。当我们犯错误时，我们比以前更快地跑向彼此，说对不起，然后原谅。

饶恕并不是赚来的

路易斯（C. S. Lewis）曾经写道："饶恕超越了人类的公义感；饶恕是原谅那些让人无可原谅的事情。"[1]这就是为什么饶恕是那么的昂贵；我们必须牺牲我们自己的骄傲、自怜以及对正义的欲望。我们的文化极度强调我们必须尽可能维护自己的各种权利。但是当我们饶恕时，我们是在放弃自己获得正义的权利以及报复的欲望。

我们不能命令我们的伴侣来赚取我们的饶恕，我们也无法确定他们不会再用同样的方式来伤害我们。有时候，尽管他们有很好的意图，但是我们仍然会怀疑他们又会做出什么同样的行为。"一天饶恕对方七次"这并非是一种夸张的说法。

---

1 《默想和思考读物》（*Readings for Meditation and Reflection*），沃尔特·胡珀（Walter Hooper）编辑，（纽约: 哈珀·柯林斯出版社，1996），第63页。

这并不意味着我们就必须无条件地宽恕伴侣的各种行为，即使是身体上的暴力、残酷的言语、性虐待或是不忠。对结婚誓言的违反是一种对信任的可怕背叛，我们必须面对。如果这些带有破坏性的行为已经变成一种模式，而且我们害怕会遭到进一步的虐待，那么我们就必须要在有第三方帮助的情况下与伴侣进行对峙。

涌流的饶恕

即使受到榜样鼓舞，饶恕仍然可能是一个无法达到的目标。我们在哪里可以找到饶恕的方法呢？我们可能会觉得有障碍，也许我们心里只想要伸张正义，而没有一点饶恕。但是当我们愿意放弃报复的欲望时，生命一定会经历祝福。

一个湖需要有水流进流出才能避免停滞。我们在各种关系中也极度需要饶恕的动态流动，在婚姻中尤其如此。

饶恕是一个选择，不是一种感觉

饶恕意味着作一个选择，不再向对方计较过去。所以，问题并不是

"我们想不想饶恕？"因为，我们常常一点都不想饶恕。问题是"我们要不要饶恕？我们要不要让伤害过去？"当然，有一些事情饶恕起来会更困难，因为它们所造成的伤害的程度更大。有时候，人们会对我们说："我不能饶恕他。"他们其实是在说："我不要饶恕"，或是"我不知道怎么饶恕"。常常，人们总是在等待各种正面感觉先回来或者他们先获得公平，然后才饶恕。

我们并不想低估饶恕的困难，而且，正如詹姆斯在前几章中所讲的，我们常常需要寻求上帝的帮助。但是如果我们用意志的行为来选择饶恕，那么饶恕的感觉也会随之而来。对一些人而言，这会很快发生；而对另一些人而言，可能需要比较长的时间。

饶恕使我们得自由

当我们饶恕时，它会让我们的配偶受益，但是最终，我们才是受益最多的人，因为我们会得到自由。作家杨腓力如此说道：

> 如果这一怪圈不被打破的话，那么接下来所发生的就可以称为"憎恨"。这一词语按照字面上的意思理解就是"重新经历"：憎恨使人紧抓过去，一次又一次地重温过去，不断地撕扯掉新结的痂，使得伤口永远不得痊愈。[1]

科莉·布姆（Corrie ten Boom）是一个曾被关押在拉文斯布吕克（Ravensbrück）集中营里的荷兰战俘，她在那个集中营里亲眼看到她的妹妹贝茨死在看守们的手下。在她所著的《他使被俘的得释放》一书中，她回忆了战后当她再一次与一个集中营的看守面对面的场景。那个看守已经忏悔，而且专程赶来请求她的饶恕。只有借着信仰力量的帮助，她才能抵

---

[1] 杨腓力（Philip Yancey），《恩典多奇异》（*What's So Amazing About Grace*）（桑德凡出版社，1997），第97页。

抗住每一个仇恨和想要报复的本能，做出原本不可能做到的事情。她后来写道：

> 在那个时刻，当我能够饶恕的时候，我的仇恨消失了。这是何等的释放！饶恕是打开憎恨之门的钥匙，也是打开仇恨手铐的钥匙。它是打破苦毒镣铐和自私枷梏的力量。当你能饶恕时，这是何等的释放。[1]

只有借着饶恕，我们才能够从以前各种关系中所受的痛苦中被释放出来。艾琳是一个年轻的南非女孩，她很喜欢在伦敦生活和工作。踏出校门不久，她遇见了罗杰，他已经上了年纪，却仍令她神魂颠倒。罗杰说服她放弃了工作，开始与他同居——后来她怀孕了。于是，他们结婚了，搬到了伦敦郊外的一个小村庄。几个月后，他们的儿子提米降生了。

艾琳带着一个新生的婴儿，孤单地待在家里，远离家人、朋友和工作。很快，她就被各种可怕的想法所折磨。她怀疑自己的丈夫正在发生婚外情。但是，罗杰对自己经常不在家、常常手机关机所作出的解释是他正在参与一些政府的绝密工作。这一解释听上去非常牵强附会，但是他的话又说得信誓旦旦。最终，艾琳最恐惧的事情还是发生了。一天晚上，一位中年妇女出现在她家门口。她站在台阶上，手里拿着一封罗杰写给她十六岁女儿的情书。他们是情侣。这位母亲之所以特别伤心，是因为她自己也正在和罗杰发生婚外情。

事情很快就败露了。艾琳的丈夫不仅同时在和这位母亲和她女儿睡觉，而且在伦敦还有一位情妇。后来，罗杰向艾琳承认，他在他们婚礼后第二天就发生了第一次的婚外情。他是一个性瘾者，而且还是个强迫症说谎者。艾琳的世界顿时垮掉了。

---

1 科莉·布姆（Corrie ten Boom），《他使被俘的得释放》（*He Sets the Captives Free*），（金斯威出版社，1977），第38页。

他们接受了数个月的辅导。渐渐地，艾琳开始学习饶恕，甚至学习再度去爱罗杰。艾琳说这些事情靠她自己是绝对不可能做出来的。她感觉到他们的婚姻被赐予了第二次成功的机会。但是一年之后，罗杰最终还是离开了她和提米，去和怀了他孩子的秘书一起生活。艾琳被抛弃了，变成了一个人。在这样的情况下，艾琳感到心里面对罗杰的憎恨和苦毒在不断加深。有时，她甚至想到要自杀。

后来，有一天，艾琳突然意识到自己的不饶恕就像是一个寄生虫一样，不断地以她为食物，生长得越来越健壮，因为她在任由它生长。意识到这一点后，她就用自己的意志作了一个决定——她要原谅罗杰。以后，每当艾琳发现自己又在脑海里重新播放罗杰怎样伤害和羞辱她的种种场景时，她就会提醒自己曾经为了哪些事寻求饶恕。渐渐的，苦毒和不饶恕消失了。她开始经历到一种奇妙的释放和平安，最终她获得了自由——重新开始的自由。

选择饶恕能够让我们不被"苦毒的镣铐和仇恨的手铐"所压倒，而得以继续前行。一开始，我们可能仍然会感到剧烈的痛苦，但是饶恕可以使恢复得以开始。就好像被蜜蜂叮咬一样。当蜜蜂的刺被拔出时，皮肤并不是即刻就恢复原状，但是刺的拔出能让医治得以开始。当我们饶恕时，我们仍然能够记得所发生的事情，但是当我们不断地饶恕，这些记忆对我们的势力就会变得越来越弱。

不饶恕不仅会影响到我们和那些伤害我们之人的关系，而且会影响到我们所拥有的每一种关系。因此，如果我们对第三方怀有怒气时，我们的婚姻就会受到不良影响。我们有一位日本朋友，她致力于促成过去的战俘和她的同胞和解的工作。当那些在战争中饱受痛苦的丈夫们能够饶恕那些苦待他们的人时，他们的妻子们常常会感叹这为他们的婚姻带来的改变。她们的丈夫能再度睡好觉，不再会轻易地因为日常事务而生气了。

时间本身并不能治愈伤口，只有饶恕才能。但是饶恕是一个过程。我们可能常常要一层一层地进行饶恕，好像剥洋葱皮一样。要想最终得到释放，我们可能需要每一天都为同样的事情选择饶恕。我们越是吝于饶恕，饶恕起来就越发困难。但是一旦我们饶恕了一次，下一次就会更加容易。随着我们不断饶恕，情感上的创伤就会逐渐愈合，婚姻也会得以前进。

结　语

　　如果这一解决过去遭受的伤害和怒气的过程是你所从未听过的，特别是如果你结婚已有一些年日的话，那么当你进入这一过程时，需要非常小心，不能急躁。当我们回想过去的伤害时，我们会变得比较脆弱。因此，我们就必须要对彼此都很温柔，好让我们的配偶知道我们理解并同情他们的感受。如果婚姻中的信任已经被破坏了，那么就需要时间来进行恢复。不要期望被伤害的一方能够立刻遗忘所受的伤害，并且双方迅速和好如初。

　　爱是"不计算人的恶"。请你稍微想象一下，我们每一天的婚姻生活都像活页笔记本中新的一页。每一天，我们都会因为说了一些话，做了一些事，或者是因为未说一些话，未做一些事，而伤害到我们的配偶。这些伤害有时是轻微的，有时则是严重的。

　　有些日子的清单将会比其他日子的清单更长。但是，每一天，页面上都会有一些事情。如果我们不去面对和饶恕这些事情，那么这一页就会被翻过去，而上面的清单也原封不动。这样，我们就会开始积压起一些憎恨和苦毒的情绪。即使我们无法清楚地记得每一个清单里的每一个细节，但是这些冒犯行为的记录还是保留在那里，而且时间一长就会深深铭刻在我们的关系里，进而消灭我们之间的亲密感。

　　如果我们学习每天饶恕，这就好像我们在每一天结束时都撕掉一页并将之丢弃。这样，在婚姻中，我们的每一天都是新的一页，而且没有积压的事件。我们双方都不需要站在攻击或是防守的地位。那样的话，我们就能够以爱心行事，而不去计算彼此的恶。

　　·婚姻黄金法则第五条·
　　操练饶恕。

第六部分
父母和姻亲

SECTION 6
Parents and In-Laws

THE MARRIAGE BOOK

第十三章　如何与父母和姻亲融洽相处

How to get on well with our parents and in-laws

当我还是个十四岁小男孩时，我觉得自己的父亲是如此无知，以至于我无法忍受他待在我身边。但是当我到了二十一岁时，我惊讶地发现这个老人居然在这七年时间里学会了很多东西。

——马克·吐温

"父母们很奇怪，"艾米说，"就他们的年龄而言。"

——阿曼达·威尔[1]

我们不应低估大家庭内各种关系对婚姻所产生的深远影响。家庭是极为复杂的——家家有本难念的经。有些家庭对个中成员所带来的伤痛甚至无法用语言来描述，随着岁月流逝这些伤痛不但不会消失，反而会代代相传。另一些家庭则是喜乐和幸福的巨大泉源，这些家庭能引起连锁反应，影响到无数的生命，给他人带来无限的祝福和恩典。如果我们想要我们的大家庭成为每一代人的祝福，那么我们首先就需要弄明白我们在成长过程中与父母的关系是怎样发展的。

从依赖到独立

从作为孩子对父母完全的依赖一直到最终的独立，这一进程对我们的

1　阿曼达·威尔（Amanda Vail），《爱我一点》（Love Me Little）。

婚姻是至关重要的。从幼年到少年，再到青年，一直到成为他人的配偶，我们会经历人生的四个不同的阶段。为了能够形象地说明在这四个阶段父母和儿女之间应当具有怎样恰当的关系，我们设计了四个图表。当然，没有哪一种家庭生活是与这些图表所表示的内容正好相符的。有些人是在单亲家庭长大，而且也有许多充满关爱的单亲家庭，这些家庭为孩子们的成长创造了一个令人印象深刻的健康快乐的家庭环境。另外，还有父母离婚、丧父或丧母、父母再婚、继父母再婚家庭等各种情况。但是，不管是什么情况，从一个阶段过渡到另一个阶段的普遍原则适用于我们所有人。

你们夫妻二人可以一起来探讨这些表格。记住，你们曾经就是等式中的那个孩子。我们之所以要这么做，是为了更好地了解我们自己和对方从小所受的教养，更好地了解我们与父母之间的关系有没有按着每个阶段应当发生的改变而改变。

我们必须坦率地讨论我们父母和他们的婚姻所具有的优缺点。要想与父母之间维持一种成熟的关系，我们就必须放弃孩童时期因为把父母理想化而对他们抱有的幻想，放弃青少年时代觉得他们什么事情都不会做的失望。我们需要按着父母的本相来认识他们。我们希望能够通过察看这四个不同的阶段来帮助你们这么做。

早期的年日

在我们生命的初期，我们的父母需要满足我们身体上的各种需要，包括食物、饮料、睡眠、清洁、温暖和药物治疗等。他们也需要负责我们情感上的各种需要，如图中各箭头所示。情感上的需要包括关爱、接纳、安全、鼓励和安慰等，这些需要虽然不像身体上的需要那样会立刻表现出来，但同样是至关重要的。对父母爱的体验会建立一个孩子的自信，这是他在日后的生活中建立其他各种关系的一个关键品质。要建立各种关系总是会涉及冒风险。如果我们愿意承担自己的爱遭人拒绝这一风险，那么我们就需要自信这一品质。对父母无条件之爱的体验会使我们能够承担这一风险，能够主动去关爱他人。

图中的圆圈代表父母为了我们的安全而设立的一些界限。小孩子的各项活动必须在父母的严格掌控之下。各种危险必须避免，对于孩子玩耍而言不安全的地方必须禁止。作为孩子，我们还不成熟，无法在这些事上作出可靠的判断。

青少年

你还记得自己是青少年的时候吗？在这些年间，我们的父母需要给我们越来越多的独立，要允许我们在尽可能多的方面为自己作决定。这些可能包括我们对于朋友的选择、如何使用空余时间、如何穿衣、剪何种发型（如果他们敢的话）以及如何装饰自己的房间等。

这一逐渐放开的过程是从父母完全掌控到孩子最终要独立的一个关键的过渡部分。但是，作为青少年，我们仍然需要一些界限来限制我们的各种活动。从圆圈到椭圆的转变所代表的是在一定的限制内我们获得越来越多的自由。我们并未成熟到仅凭自己就可以作出所有决定的程度。而且很多时候我们不得不承认我们很感激这些界限所带给我们的安全感。青少年在建立自我身份的过程中，常常有很多关于自我的求问。我们需要父母不断地给我们情感上的支持。

此时，我们可能已经开始意识到自己可以怎样来帮助我们的父母。这在图中由淡淡的虚线所示。

成年/离家

在十八到二十一岁之间，我们中有些人仍然会生活在父母家里。但是，我们正在学习独立，自己决定是否要继续深造、选择何种职业、处理其他各种关系以及如何使用钱财等。

在这一阶段，我们中大部分人仍会继续指望父母给我们提供建议、经济支持和安慰（如果有什么事情出了差错的话）。但是此时，这更多的是一种成熟的关系。但愿我们不是那么以自我为中心，能够承担对父母的一

些责任，比如和他们联系（如果我们离开家在外面住），认识到他们对于
理解、支持、关爱或鼓励等方面的需要。

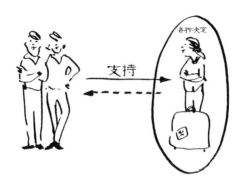

结婚

比起以下这一图表来，许多情况看上去会更加复杂。但是不管我们特
定的环境如何，所面对的问题都是相同的。我们作为夫妻所在的圆圈代表
我们需要建立自己的家庭、自己作各项决定并且满足彼此的需要。此时，
我们首先必须对彼此忠诚，必须丢弃任何对父母情感上的依赖。

这一委身对象的变化并不意味着我们要完全切断与原生家庭之间的关
系。当我们与原生家庭的关系落在一个恰当的基础上时，父母（以及兄弟
姐妹）将成为我们婚姻的一个巨大支持。我们自己的经验便是如此。对我
们来说，父母一直是一个巨大的爱的源泉，他们为我们提供关爱、支持、
乐趣和亲密的友谊。同时，我们也非常看重我们和兄弟姐妹以及他们各自
家庭之间亲密而特殊的关系。尽管我们各自的家庭相隔有数百英里之遥，
但是这些关系在我们自己和我们孩子们的生活中扮演着十分重要的角色。
然而，这些关系的培育需要一定的时间，因为它们需要双方都付出努力，
保持联系和花时间在一起。

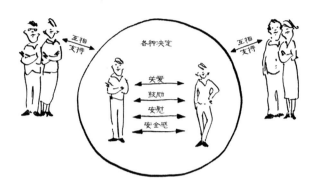

　　像圣诞、新年、学期中间的假期以及一些特别的假日和周年纪念日等都是一些珍贵的场合，借此我们可以有大家庭的聚会，可以几代同堂。像这样的机会值得我们充分利用，特别是因为生活的各种需要和压力会轻易地将这些独特的关系排挤掉。

　　在下一章，我们将讨论如何确立夫妻间的相互独立。在这里，我们所要思考的是如何培养一种与自己的父母、配偶的父母和大家庭之间彼此支持和令人愉悦的稳固关系。

合宜地安排婚礼

　　开始创造未来的机会通常是伴随着各项婚礼安排而来的。在预备婚礼时，很少有情侣不感到激动的。通常情况下，人们对婚礼如何安排都颇有自己的想法，而很多父母为着这一天，已经憧憬、计划了好多年了。

　　但与此同时，新郎新娘的朋友们会告诉他们说，这一天是完完全全属于**你们的日子**。这一天当然是属于新人的，但同时也是属于父母的，部分原因是父母为婚礼慷慨资助。而且，出席婚礼的许多客人都是一些旧交，所以他们的看法对于父母来说比较重要。

父母应当参与婚礼的各项计划和准备工作，这是再自然不过的事情了。这是父母在儿女结婚之前最后一次所给予儿女的，这种做法能帮助他们对儿女放手。筹划婚礼并不简单，那意味着数周之久的辛苦工作。而且，新人常常要作出各种各样的决定，这常常让他们感到无所适从。截然不同的观点、复杂的情绪以及身体的疲乏常常会酿成一杯烈性鸡尾酒，让新人头昏脑胀，争论不休。如果想要维持和睦，那么就需要大家都彼此耐心倾听、尽可能地作出让步。

表达我们的感激之情

所有的父母都喜欢儿女们向他们表达感激之情。婚礼前几周是感恩的极佳机会。即使我们并非来自于幸福和睦的家庭，而且与父母的关系也不太好。但是，我们仍然要记得父母曾经在诸多方面照顾了我们，或是在我们幼年，或是在我们生病的时候。很少有父母是未曾为孩子做出过任何牺牲的。有些新人会写一封信给自己的父母，以表达对他们的感谢。这样做能够大大增加父母对儿女放手时的喜悦和自豪，也能够为两个家庭之间未来的关系定下正确的基调。

如果已经成婚，我们仍然可以尽量寻找机会，把我们的感谢诉诸笔端，可以用一张生日贺卡或是父亲节、母亲节的贺卡来表达我们的谢意。我们有一位朋友，在她父亲六十岁生日的时候，给他写了一封长长的信，信中愉快地回忆了她在成长过程中父亲给予她的爱，以及很多支持和鼓励。蒙她允许，我们在这里摘录了她信中的一段话：

> 我非常喜欢我们一起度过的那些岁月，比如你拿给我一颗装在圆罐头里的咸味奶油糖果的场景。我也喜欢当我告诉你学校里发生的一些故事时你的那种反应，似乎那些有点教条的老师总是让你觉得有点好笑或是有点气愤。这让我有种感觉，就是你完全站在我这边，而不是在他们那边。我一直觉得，你对我的信任远远超过对他们的信任，这一点我从未怀疑过。现在，我知道这是很不寻常的，这让我感觉好极了！

> 家长会也是同样如此，你会嘲笑某个让我觉得不舒服的老师。我会充满期待地等在大厅里，因为总是会得到你的祝贺，但你的祝贺从不会过分夸张。我知道，你一直看我比任何的优等成绩更重要。你从不给我任何压力，只是给我充分的空间让我自己来作决定。

作为父亲，他并没有意识到这些事对于自己女儿的意义。女儿的这封信有助于维系他们之间亲密的关系。这一关系不仅使她自己获益良多，也使她的丈夫和儿女受益匪浅。

保持联络

一旦结了婚，很重要的一点就是，夫妻双方要共同商量好如何与父母保持联络。定期的交谈是很有帮助的。但是，如果天天早上或晚上要和父母习惯性地在电话上交谈，那么可能就会引发伴侣的憎恨。如果这样的谈话十分冗长，或常常是在晚上伴侣刚回到家时另一方就要和父母通电话，情况就会更糟糕。夫妻需要有意识地作一个决定，将**最适合**交谈的时间留给彼此。为了父母们的缘故，要和他们保持联络；而为了你们婚姻的缘故，与他们的联络要适度。

我们必须要共同决定多久拜访父母一次。如果我们中有一方有表现出依赖父母的倾向或是无法抵御住某些压力的话，那么就选择在自己家中和父母相聚可能会更好。如果开始时不太自然，那么拜访时间就再短一些、拜访频率再高一点，这样的拜访可能会更有助于建立和父母之间的关系。短期拜访更容易维持一个愉快的气氛。如果我们待的时间过久，又无话可说或无事可做的话，那么就可能会导致气氛紧张。

有一位女性告诉我们，她不喜欢她的公公。对她而言，花时间和公公相处十分困难。这样的感觉是无法一夜之间就可以消除的，但我们可以应用在本书前五章中所描述的那些用以建立彼此关系的工具，特别是，我们可以考虑一下，在五种爱的语言中哪一种语言对他们最为重要。那样的话，随着时间流逝，我们将会开始意识到他们身上的一些好品格，彼此之间的关系也会因此得到改善。为着我们丈夫或妻子的缘故，我们必须作这样一个选择。

有一位朋友，偶然间发现了理解自己公公的方法。结果，她和公公之间的关系因此大为改善：

我的公公十分严谨，特别崇尚责任和奋斗，在家庭关系中尤为如此。关于这一点，我总是觉得很让人讨厌，因为我认为人与人之间的关系应当是从容、自发的，不应当给人造成压力。我们之间的关系进展得比较沉重，虽然不是太糟糕，但是很普通。后来，有一次他过生日，我也不知道到底是为什么就决定尝试着要为他做一个水果蛋糕。我想，这可能是因为我们实在不知道给他买什么礼物才好，所以才作出这个决定。他曾经说过不想再要我们给他订阅园艺杂志了，这一生日礼物已经让我们应付了他的前三次生日。我知道他很喜欢水果蛋糕，可是对于如何做这种蛋糕我毫无头绪。我清楚地意识到，即使我给公公买世界上最好的水果蛋糕，也无法表达出我所付出的努力和奋斗。

我忙碌了半天，终于做出了一个十分难看的蛋糕。我把它放在一个盒子里，满怀歉意地在他生日时送给他。他非常激动，说："你一定花了很多时间吧？你的工作本来是很忙的。"我的公公对于我——一个女人——在这城市专属男人的领域（他如此认为）里工作一直感到非常好奇。这也是我们之间的另一个问题：对于女性的看法，我们的观点截然不同。但是现在，这个奇怪的现代女性却为他烘烤了一个水果蛋糕——她的一番辛苦、忙碌竟然都是为了他。

在品尝了这个蛋糕以后，我逼着他承认这并不是他所品尝过的最好的水果蛋糕——当然，伴随着开怀大笑！从那天起，我们就一直在笑，不仅笑那个水果蛋糕，也笑许多的事情——包括我们对于女性的不同看法。

在上美满婚姻课程的时候，我意识到了我公公能接受的爱的语言就是行动。如果你专门为他做一些事情，他就会感觉到被爱。其实，这与水果蛋糕的好吃不好吃并没有什么关系。

因此，我学习到爱的语言（以及幽默感）不仅在婚姻中十分重要，在和姻亲的复杂关系中也是如此。

另外，我们也需要决定我们与父母之间的关系要近到什么程度。许多父母能给儿女巨大的支持，特别是当夫妻有年幼的孩子需要抚养、处在压力情况下的时候。但是如果我们想要父母来为我们粉刷整座房子、制作所有窗帘，或者一周两次照顾我们的孩子，那么我们就是在邀请他们完全地参与到我们的日常生活中来。如果我们只是在父母为我们做一些有用的工作时才对他们表示兴趣，这将是极端缺乏爱心、操控他们的行为。因此，在经过仔细考虑之后，我们可能会得出结论，最好还是我们过自己的生活，不让父母过多地参与比较好。我们必须对父母正直，绝对不能剥削他们的爱。

尝试解决冲突

即使是在我们和父母及姻亲之间关系极其密切的情况下，大家也总是会有一些看法上的不同。当碰到一些紧张或难以处理的情形时，我们必须应用第十二章中所探讨过的那些原则——谈论、道歉和饶恕来予以解决。

我们遇到过一位女性，她结婚已有七年。在这些年间，她总是觉得受到她婆婆的诋毁。她与婆婆之间没有什么共同点，交谈起来很困难。在婆婆眼中，她的丈夫是不可能做错什么事情的。除此以外，婆婆还经常拿她和别的儿媳妇作比较，这使得她更加觉得受到伤害。婆婆的某些话在她心里引起了强烈的情绪反应，甚至大大超过了事件本身的严重程度。

然而，借着丈夫的理解和鼓励，也借着这位妻子内心的信仰不断地宽恕和爱婆婆，结果她们之间的关系得以维系。而且，随着时间的流逝，她们之间的关系也逐渐得到改善。今天，当她们在一起时，婆婆变得不再那么强势，而这位妻子也变得更加有自信。

消除掉过去所遗留下来未被解决的冲突是非常重要的，最理想的情况是在我们结婚以前就处理掉这些问题。如果我们未能解决它们的话，怒气、苦毒、憎恨或罪恶感仍会在以后的生活中以这样或那样的伪装重新冒出来。有些人在结婚的时候就下定决心，就是绝对不要像他们的父母那样行事为人。这可能是因为他们的父母经常发脾气，或是彼此缺乏关心和体谅，或是在情感上与儿女不够亲密，或是在儿女中有偏爱的现象。但是当这些人结婚几个月以后，也开始渐渐地变得像他们的父母。这是因为他们尚未除掉自己心里对父母所怀有的愤怒和憎恨等感受。

有一位婚姻辅导员曾做过分析，如果我们将思想集中在生活中的某件事情上，那么我们就会倾向于模仿这些事情。如果我们能够饶恕我们的父母、继续向前的话，那么我们就不会再继续地专注于他们的弱点和过失上面。这样，我们就能够得到自由，可以摆脱任何对他们的无意识的模仿。

如果我们这些做孩子的，对父母婚姻关系的破裂有一定的可责之处的话，那么就需要向父母道歉，而不是去责怪他们，或是试图为自己的行为辩护。这样做的影响可能是极其深远的，正如经验丰富的咨询专家玛丽·毕洁丝（Mary Pytches）所阐述的：

> 记得有一次，我听到一个感人的故事。一位上了年纪的妇人即将死于癌症。她的儿子到医院去看望了她。回到家后，儿子告诉自己的妻子说，母亲快要死了，医生已经无能为力了。听了这番话，妻子就建议丈夫在母亲过世之前要把一些尚未了结的事情处理好。妻子提醒自己的丈夫，他曾在多年前离家出走，有一整年的时间未与他的母亲联系。"你应该在她去世之前，处理好这件事情。"妻子如此说。她的丈夫同意了。于是，他又回到医院，为着这件发生在许多年前的事情请求母亲的原谅。
>
> 母亲非常感动，欣然原谅了他，并且也请求他的原谅，因为是她让他不开心，导致他离家出走。等他们二人完全和好了，儿子才回到家里。接下去的那个星期，他的母亲就出院了，身体竟然完全康复了。她又活了许多年，而且身体康健，最终高寿而终。[1]

1　玛丽·毕洁丝（Mary Pytches），《昨日的孩子》（*Yesterday's Child*），（霍德和斯托顿出版社，1990），第147-148页。

考虑他们的需要

在我们年幼时，父母（或别的照顾者）曾悉心地照料我们的各种需要。现在，我们终于有了报答他们的机会。我们与父母的关系已经完全成熟，从对父母完全依赖到与父母互相支持。对一些人而言，到最后这些角色会完全颠倒过来，变成父母对孩子的完全依赖。

女演员雪拉·汉考克有一个女儿，名叫梅勒妮·索尔。雪拉充满深情地记叙了她女儿对她的关爱：

> 几年前，我身患癌症。于是，就让艾莉·简来照顾我。我完全相信，之所以身患癌症是因为我给自己的压力太多了。以前的我常常风风火火地四处奔走，以为自己能救每一个人，其实这是一种逃避，可以借此不去想我自己到底在做什么。在接受了传统疗法以后，我到布鲁斯托尔诊所去了，艾莉也过来陪我。她十分沉稳，也非常支持我，以至于我俩的角色都彻底颠倒了。她所具有的那种凝聚力让我感到无比惊讶，我甚至无法准确地用语言来描述。如果以前有人对我说她将会是这样一个女人，我肯定会大笑的……我真的好爱她！[1]

虽然我们进入婚姻，不再在父母的管束之下，但我们对父母仍负有做儿女的责任。并不是在我们成年或结婚后孝敬父母的要求就失效了。当父母年纪越来越大，他们对我们的依赖也就会日益增加，我们也将会有机会来部分地报答他们曾向我们所施的慈爱和所做出的牺牲。这可能包括在父母家中做一些实际性的工作、在经济上帮助他们或是帮助他们规划未来。作家兼播音员维多利亚·格兰丁宁（Victoria Glendinning）讲述了自己从她已成年的儿子马太身上所得到的诸多关爱，也讲到她儿子对于她的意义：

---

1 安·麦弗兰（Ann McFerran），《祖国——与母亲和女儿们的交谈》，（维拉格出版社，1998），第22页。

他总是仔细地聆听、了解我在说什么，也提出一些经过思考、很有启发性的意见。他总是全心地投入到某个问题上面，不会催促我赶紧去做别的事情。

有一次，就在最近，当他已经起身要走的时候，我说了一些麻烦之类的话。"麻烦？什么麻烦？"他又在餐桌边坐了下来，好像他有的是时间一样。[1]

如果我们的父亲或是母亲在独自生活，那么他们最大的需要很可能就是有人陪伴他们，和他们说话。我们有一对夫妻朋友，他们的孩子们已经十几岁了。他们把唯一仍健在的祖父母接到自己家里来住。这样的安排不仅使得夫妻和祖父母都有各自足够的独立性，而且也培养了三代人之间十分特殊的友谊。

重视大家庭

有时候，一些刚结婚的新人会盲目地、无情地、义无反顾地抛弃他们的原生家庭。有时候，因为他们所在的部落对于他们的婚姻持有强烈的宗教、种族或等级上的偏见，所以导致他们不得不这么做。但我怀疑，他们之所以这么做，更多的原因是出于

---

1 维多利亚·格兰丁宁（Victoria Glendinning），《儿子和母亲》（*Sons and Mothers*），（维拉格出版社，1997），第248页。

轻率：离开家、一头扎进外面的花花世界、一切从头开始。

但是，当孩子们出生以后，随之而来的是一段健康甚至令人愉悦的时间。在这段时间中，原先的部落又开始得以向前延伸，它那古老的回音开始环绕这个新生的家庭。换句话说，不管你的家谱在你眼中有多么古旧，千万不要随便地就把你所处的那一段砍断。当你自己的家庭开始建立起来的时候，你会惊异地发现在你原先的家庭里，除了那些出人意料的问题以外，也存在着各式各样出乎你意料之外的好处。[1]

的确，没有一个大家庭是完美的。但是，在大家庭中存在着多样化的年龄、个性和观点，这些会让生活有机会变得多彩多姿。我们生活在一个简单划一的小家庭时代，这些小家庭常常向那些享有同一姓氏和血统的人关起大门。但是，当我们这样做时，我们很容易就会变得狭窄，甚至可能患上幽闭恐惧症。何不借一些场合大家团聚在一起呢？莉比·帕维斯（Libby Purves）建议道：

每一年的家庭生活都需要一些里程碑，就是在日历上标上一些你可以期待的事件。你可以为这些事件找一些合理的理由，比如说它们代表着文化传统、宗教信仰，或者单纯是为了找些乐趣，特别是当这一事件发生在一年中比较无趣的时间里。在我们的时代，我们不仅会庆祝所有四个人的生日和圣诞节，还会庆祝新年、主显节、圣灰节、复活节、丰收晚餐……盖伊·福克斯日、劳动节、圣尼古拉斯日、周四布丁日（不太有名，但是在这一天里，你只能做一件事，就是吃约克郡布丁）。如果给我时间，我还能设计出不同的方式来标示莎士比亚的生日、米迦勒节、仲夏夜、圣安德鲁日、圣帕特里克日（为那些与苏格兰和爱尔兰有所关联的人）。如果有美国人来我家的话，我还会很乐意

---

1 莉比·帕维斯（Libby Purves），《大自然的杰作，家庭幸存指南》（*Nature's Masterpiece, A Family Survival Book*），（霍德和斯托顿出版社，2000），第260页。

地把感恩节和土拨鼠节包括进去。庆贺的方式并不需要很昂贵：将一两面纸制的旗涂上颜色、在餐桌上放上食物就可以了，如果会的话还可以玩一个游戏。[1]

这样的家族聚会还有一些额外的好处：我们这些成年人又有机会被更有智慧的长辈教导一番；我们也获得了一些活生生的榜样，大概知道我们的孩子以后会变成什么样的人。孩子们会很喜欢和堂/表兄弟姐妹们待在一起，特别是那些表现不好的兄弟姐妹。而且我们大家都很喜欢那个溺爱人的奶奶或是有点行为古怪的叔叔。这就是吵吵闹闹的现实生活的一部分，而且这也能塑造我们。如果我们没有一个大家庭的话，也可以有别的方式来创造同样的气氛。我们有一个朋友（是一位单身母亲），她在今年的星期二忏悔节时举行了一个煎饼派对，邀请了二十个人来参加，他们代表着各世代的人，非常的丰富多彩。

这些大家庭事件有它们自己的地位和价值。同样地，培养一些特殊的隔代关系也有其意义。这让我们不仅仅得益于与父母的亲密关系，祖父母同样也可以在孩子的生命中扮演十分特别的角色。

力奇　当我还是个小孩子的时候，我常常在某个周六早上和母亲一起去外祖母家看望她。这些时光已经成为我孩童时期回忆中很特殊的一部分了。我们的探望肯定也满足了外祖母的需要，虽然当时我并没有意识到这一点。

通过维系我们和父母之间的关系，我们也让孩子们能够认识他们的祖父母和外祖父母，而且我们自己可能也会以一种全新的态度来看待我们自己的父母。

力奇　通过观看我父亲和孩子们的玩耍，使我能够更加充分地欣

1　莉比·帕维斯（Libby Purves），《大自然的杰作，家庭幸存指南》（*Nature's Masterpiece, A Family Survival Book*），（霍德和斯托顿出版社，2000），第337—338页。

赏父亲的温柔和幽默这些美好品质。我想我可能早已忘记自己在孩童时期所享有的这些礼物，或者我可能把它们视为理所当然了。父亲退休后，他有了更多的闲暇时间，而他的孙子孙女则是这些闲暇时光的主要受益人。

有些祖父母和外祖父母可以在孙子孙女的生活中担当起一个十分特殊的角色。而且，一个小婴孩的出生能够改善或者黏合大家庭内各成员之间的关系。美体小屋（The Body Shop）创始人安妮塔·罗迪克的女儿贾斯汀这样写道：

> 从麦雅一出生，我妈妈对这个孩子的喜爱真的让我感到十分惊讶。我发现妈妈又再度变得像一个母亲了，而且与以前完全不同。我患上了很严重的产后忧郁症，因此我就请妈妈来帮忙。结果，她整夜不睡觉，就为了照顾小婴孩……我和萨米（贾斯汀的姐妹）已经搬离家了，我想是麦雅把这个家庭重新黏合起来，她成了我爸爸妈妈之间的另一个纽带，改善了他们之间的关系。[1]

许多祖父母都谈到有孙子孙女在他们身边的乐趣。他们不是这些孩子们的最终负责人，在一天结束时要将孩子们交还给他们的父母。但是，祖父母有所不同。有些祖父母会为了能够有时间与孙子孙女相处而欣然放弃其他一切东西。如果情况是这样的话，那么很可能是他们在经常照料孩子们。不可避免地，他们也会对孩子们的成长有更多的影响。但是，也有一些祖父母，他们对于长时间照顾孩子并不十分热衷；或者当孩子们长大一点时，他们会愿意发挥自身的价值。我们不可以对父母有过多的期待，毕竟，孙子孙女的出生并不是他们选择的结果，而且他们也不需要像孩子的父母那样对孩子们负责。

---

1 安·麦弗兰（Ann McFerran），《祖国——与母亲和女儿们的交谈》，（维拉格出版社，1998），第119—120页。

如果我们的父母已经过世，或是住在外地，那么我们就可以尝试帮助孩子们多结交一些其他的老年朋友，这是非常值得的。而且在这样的情况下，两个年龄段的人都会觉得很有乐趣。

彼此理解

即使我们和父母或配偶的父母之间有健康愉快的关系，大家仍然有可能会产生冲突。我们和他们是两代人，祖父母和孙子孙女之间的代沟就更大了。当我们的生命迈入最为紧张的阶段时，父母们的生命正趋于缓慢。我们可能需要十分努力地去理解他们。可能，我们不仅需要面对父母因为年老而体弱多病的痛苦，还需要面对如何安排对儿女和对父母责任的优先顺序这一复杂难题。

如果我们有时候无法理解父母或配偶的父母所持有的种种态度和看法，那么也许我们应该停止这一尝试。相反地，我们可以放松下来，单纯地按照他们本来的样子去欣赏他们，不去苛求他们、论断他们。毕竟，他们不会永远待在我们身边。

雪拉·汉考克（Sheila Hancock）在谈到自己在了解母亲方面的一些想法时，说了如下一番话。她的想法好像一个情绪万花筒一样，许多人都深有体会：

> 父亲过世之后，我就把母亲接到伦敦，让她住在离我不远的一所公寓里。那个时候，我已经有了女儿艾莉·简，因此对于母亲对我们的干涉，有时我会感到很不满。母亲不和我们在一起的时候，就待在她的那一小片天地里，完全孤身一人。可是，我又不想让她一直和我待在一起，因为我有自己的生活。母亲可能过得很不开心，我本来应该会对她好很多的，可是她并没有告诉我她很痛苦。

现在我才了解，当你的儿女们长大，你又感到被隔离在他们的世界之外时，你会有怎样的感受。我现在对自己当初没有向母亲伸出我的手而感到非常惋惜。我非常后悔自己没有更好地认识我的母亲，特别是母亲作为女人这个角度。在她临终时，是我在照料她。还记得有一次我给她擦洗，我对她说："你有一个很漂亮的鼻子。"她说："可是我一生都很讨厌我的鼻子，我觉得它长得太丑陋了。"听了之后，我大吃一惊，我居然不知道母亲一直在担心自己的长相。我对她说："我简直无法相信。这是一个多好看的鼻子啊！我的鼻子长得很滑稽，可是你的却很漂亮。"她并不知道自己很漂亮，但也可能是我从未这样告诉过她。我只对她说过："你不要在我的毕业典礼上戴那条项链！"

我想，在她所有的努力下面，其实隐藏着一个没有安全感的女人，特别是当她那自命不凡的女儿去了语法学校，受教育的程度超过了她以后更是如此。一方面她非常地以我为荣，可同时又为我担惊受怕。我想，有时候我一定是一个很无情的人。我常常卖弄自己新获得的知识，虽不至让她感到羞愧却是让人十分不舒服的。我开始在知识上超过我的父母，但那时，我并不懂得像现在这样尊重他们所拥有的那种智慧。皇家戏剧艺术学院档案馆里有一封我父亲写给校长的信，他在信中问校长："你确定我们的女儿有这个天赋吗？"我的父母为我感到非常担心，但又对我抱有极大的期望。我很高兴他们能够看到我开始迈向成功，但又对那个世界感到不知所措——我也同样如此。当我开始成名的时候，我母亲写信给我，说："要照顾好你的丈夫！"她在信上还说了一些话，是我们今天不会对女孩子们这么说的。

另一方面，我的女儿们如今又在因为我而感到羞愧和尴尬。我有一点炫耀自负，总是非常肯定地说出自己的观点。我会在开车时大喊大叫，而且言语夸张。我会突然出现在女儿们的学校，而且穿着极不得体——就像我母亲一样！如今，我希望自己当初能够更加尊重我父母的不同寻常之处。当我现在回忆起父母的出身背景和他们所取得的成就时，我的心里充满了敬佩。[1]

不管我们对于童年的回忆是美好或是悲伤，不管我们和父母之间的关系是平和或是紧张，我们一起拥有过去的时光，都带着同一个家族、同一血脉的特征。自然而然地，我们渴望在现实生活中彼此拥有：去关心对方的生活、分享对方的成功和失败、扶持对方的软弱并且欣赏对方的长处。

---

1 安·麦弗兰（Ann McFerran），《祖国——与母亲和女儿们的交谈》，（维拉格出版社，1998），第15-17页。

第十四章　如何脱离父母的控制

How to leave behind parental control

我们必须离开父母，而不是围在他们身边，等着他们来给予我们更多。

——洛宾·斯金纳、约翰·克里斯[1]

欢笑、泪水、哽咽、期盼、紧张和兴奋，这些都是婚礼那一天的组成部分。这对新郎新娘诚然如此，对于他们的父母而言，常常也是如此。婚礼那一天的意义被阐释得直截了当："因此，人要离开父母……"

最近，我们和一位父亲有过一次谈话。那天是他儿子婚礼之后的第一天。我们知道他们是一个非常亲密的家庭，也知道他很喜欢他的新媳妇。当我们问他，婚礼那一天过得是不是很愉快时，他踌躇了一会儿才回答。他说："很难用语言来描述我的感受——那比我所预期的复杂得多。"

尽管在这之前，他儿子已经在外面住了几年，但是这位父亲知道，婚姻的一个关键部分就是要离开父亲和母亲。因此，他在婚礼那一天的感觉是悲喜交加：他感到喜悦，又感到别离；对未来充满憧憬，同时对过去无限眷恋。

力奇　当我在为新人主持婚礼的时候，觉得有一个特别辛酸的

---

1 洛宾·斯金纳（Robin Skinner）和约翰·克里斯（John Cleese），《如何让家庭幸存》（*Families and how to survive them*），（曼德林出版社，1990），第298页。

时刻，就是当新娘的父亲把他女儿的手递给我、让我转递给新郎的时候。这一动作象征着两对父母正在放开他们的孩子，将自己的孩子交给他们的配偶，让他们彼此照顾。从孩子的孕育到他们结婚，当一个新的家庭形成时，父母们承担多年的养育责任终于到了一个顶点。新郎新娘的父母曾经是孩子们生命中最重要的人，现在他们必须为了孩子们婚姻的缘故，退后一步，用一种新的方式来关爱和鼓励他们。

有些父母发现，对孩子们放手是为人父母最为艰难的一部分，正如维多利亚·格兰丁宁所回忆的：

> 我发现这一过程是如此痛苦，以至于当我最小的儿子西蒙离开家，也就是家里面第一次没有"孩子"在的时候，我不得不给自己写下一个措辞严厉的提醒——记得当时我是在火车上写下这个备忘录的，当我写的时候，泪水不断地滴下来。这个备忘录的大意是：我对孩子们没有权利，他们只是被暂时借给我的。如果我期望他们几乎每天都能给我打电话的话，那我就是个怪物和傻瓜……有些人渴望有更多的联络；有些人天生更健谈一些，这些都与谁最爱谁没有任何关系。[1]

离开父母，这一需要是婚姻中必不可少的一个层面。可是在今天，这一需要却常常被忽略。原因是（至少在西方而言），大多数即将结婚的人早已在数年前就搬出了他们父母的家。但是，离开的意义与其说是**身体**上的离开，倒不如说是**心理**上和**精神**上的离开。许多年来，我们所出生的那个家庭一直是我们生活的重心。我们一直都是从这一重心出发，不断地向外扩展自己探索和独立的圈子。

---

1 维多利亚·格兰丁宁（Victoria Glendinning），《儿子和母亲》（Sons and Mothers），（维拉格出版社，1997），第256页。

但是与此同时，这个中心一直没有改变。我们以前是必须回到这个家；后来则是当我们想要安慰、需要建议、缺少钱财或是待洗的衣服堆积如山的时候，我们会选择回到这个家。家是一个权柄、供应和给你安全感的地方。结婚后，我们其实有了一个新的重心、一种新的决策机制、一个新的家。现在，我们最高的忠诚和义务必须是属于对方，对父母的依赖必须切断。

即使我们结婚已有多年，我们仍然需要问问自己是不是完全离开了我们的父母。请共同思考以下这些问题：对我们而言，是不是父母比我们的伴侣更加重要？我们有没有在情感上继续依赖父母？他们是不是在试图控制我们的生活？我们期望自己的婚姻像他们的那样吗？

我们首要的委身对象

有一位即将结婚的女性向我们描述她的母亲，她称自己的母亲为"我最好的朋友"。为自小所受的良好教养而向父母表示感激是十分恰当的，但是她若能把她的丈夫视为自己最要好的朋友、可以向他吐露心事并且从他获得情感支持的话，那对于她将是一个十分重要的进步。

现在，我们新的重心必须是我们那新的家庭以及和配偶之间的关系。即使我们的父母正在经历一些困难，我们委身的对象还是要必须改变。著名作家和新闻记者朱莉·麦尔森写道她自己的经历时，如此说：

> 母亲被她所爱的男人离弃了，而我又遇到了我生命中的爱人。乔纳森是不是已经取代了我母亲，成为我生活中最重要的人呢？很可能是。乔纳森让我看到，在情感上我如何还未离开自己的母亲。我十四岁的时候，会把什么事情都告诉我母亲；到了二十一岁，还是会把什么事情都告诉她。但其实再过些日子，你

就不必那么做了。[1]

在许多婚姻中，关于委身对象需要改变这一话题从未被提起过。在有些情况中，父母在儿女们结婚以后仍然向他们施加不健康也无益处的影响，导致儿女配偶的憎嫌，给他们的婚姻造成负担。在其他一些家庭中，则是因为父母们未能认识到孩子们有自己作决定的需要。父母们会因为缺乏安全感而恐惧，因而可能会导致他们对儿女控制过分。还有其他的父母，他们之所以想尽办法、紧抓孩子不放，其实是为了满足自己对关爱和支持的需要。

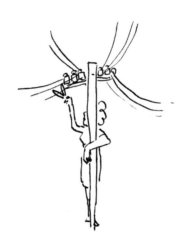

父母刻意地想要拆散儿女的婚姻的现象并不常见。如果父母对儿女的婚姻有不恰当的干预，经常提建议或横加指责，这通常是因为他们觉得自己是在帮忙。我们夫妻共同的责任就是要客气，但又坚决地抵制这样的干预。

如果我们以前一直都很顺从父母或是如果父母中有一方的控制和操纵

欲望特别强的话，那么要这样做将会非常困难。父母们会不会以为我们不关心他们或是对他们忘恩负义呢？这样的想法可能会带来情感上的压力。我们可能会觉得如果不去附和父母的想法就是对他们不忠诚。

自己作决定

婚姻中有一点是至关重要的，就是夫妻需要共同讨论各样的问题并且作出相应的决定。对于假期、钱财的使用、家里的装修和布置、职业的选择、孩子的抚养以及探访的频率等问题，夫妻都必须自己作出决定。

一年前，当汤姆和克里斯汀结婚以后，他们搬到了克里斯汀的家里。因为汤姆身体有病，很虚弱，一周只能上四天班。汤姆的父母碰巧也住在他们家附近。有一次，我们问克里斯汀对于婚后生活有什么感受，她给我们讲了一件特别的事情，那件事在他们夫妻中间造成了摩擦。有一天，克里斯汀的丈夫没有上班。当她回到家时，她发现汤姆和他母亲改变了他们家里一部分家具的布置。因为这些家具很容易摆回去，所以从那个意义上讲，这件事并不怎么重要。但是克里斯汀感到十分难受，甚至远远超过对这件事本身的反感。汤姆经过好久才理解为什么她感到如此耿耿于怀。

我们问她，之所以她有这么强烈的反应，是不是因为这所房子在结婚之前是属于她的。她认为这有一定的关系。但是真正的问题是在于关于家具布置的决定不是由她自己和汤姆作出的，而是由汤姆和他母亲作出的。这一事件虽然很小，但是却造成了强烈的情感反应。如果这种情况继续下去的话，势必会在夫妻中间造成严重的分裂。

父母因为自己拥有丰富的经验，所以常常能给我们提供宝贵的意见。夫妻听取这些经验是十分明智的。但是，最重要的一点是，夫妻有自由选择接受父母所给的建议，或是不采纳他们的建议。我们绝对不可以在不与配偶商量的情况下就和父母一起作出某个重要决定，也绝对不能让我们的配偶感到我们更看重父母的观点而非我们配偶的意见。否则会危害到彼此的信任，让夫妻关系充满紧张和冲突。

即使夫妻在经济上受到父母们的资助，他们也必须自由地决定如何使用这一帮助。我们知道一个例子，丈夫是美国人，妻子是英国人。他们现在住在美国。丈夫的父母为他们盖了一座房子，又住在他们附近。妻子特别地感觉到自己装修房子的想法受到限制，因为她知道公公和婆婆并不完全赞同她的品位。结果，这对夫妻很难让自己相信这座房子就是他们的，因为他们总是觉得受制于人。

这种在作决定过程中所受到的干涉经常会在小孩出生后更加恶化。在自己的孩子出生以前，许多夫妻对于如何照顾孩子都没有或只有很少的经验。父母们给的建议很可能会被年轻的父母视为批评和干预，特别是如果这对夫妻对自己的新角色尚且没有什么把握的时候更是如此。除此以外，对于如何教养孩子，夫妻可能会有一些自己的想法，而这些想法和决定可能会与他们自己自小所受的教养方式有所不同。

力奇　我们的父母给了我们所需要的所有鼓励和自由，使我们能够以自己的方式建造我们的家庭。但是，我们和父母之间也曾碰到过彼此因为观点不同而产生矛盾的时候。一件日常生活琐事就可以说明这个问题。

当我自己在成长过程中，我的头发是严格地从左边梳到右边，在头的一边留出一道笔直分明的分界线（这条分界线在过去二十年间已经变宽了好多，现在已经看不出是往左还是往右啦）。相比之下，希拉和我则对孩子们选择何种发型持一种更为开放的态度。他们会把头发往前梳、往后梳、往上梳，也会搞个中分，甚至还会把头发漂白了。有时候，他们会把头发留得长一些，有时候则会短到离头皮只有几毫米的距离。

对我们来说，这是允许孩子们作一些个人选择、表达自己个性的一种方式。但是我们的父母从一个更为传统的角度出发，并不总是喜欢孩子们的这些发型，也因此常常会说的比较多一点。当我们某一方的父母做出这些评论的时候，我们因为多年来已经形成忠于父母这一根深蒂固的习惯，往往会倾向于赞成他们所说的话。在这种时候，我们就必须要有意识地作一个决定，团结一致，来维护我们对于自己家庭生活的想法。

最近，我们听到一对夫妇在共同生活了三十年之后，婚姻破裂了。据说，其原因是那位妻子从来就未曾脱离她母亲对她的控制。即使经过了这么长的时间，父母的干预仍然有可能是婚姻问题的根源。我们不能忽略这个问题，以为它会自生自灭。

彼此支持

我们有一对夫妻朋友。他们有了第一个孩子以后，就和丈夫的父母有了分歧，结果导致了强烈的纷争。事情是这样的，这对夫妇决定用橡皮奶嘴（或"安慰奶嘴"）来使他们的孩子停止哭闹。妻子知道她婆婆会强烈反对他们这么做，因此她变得越来越焦虑。特别是当丈夫因为生意上的缘故需要出差，她要和公公婆婆住一段时间时，她就会越发感到焦虑。她知道要在整整一周里掩饰自己的焦虑，用她自己的话说："一想到要面对婆婆，我就感到非常恐惧。"

当她告诉了丈夫自己的感觉时，她丈夫说："没问题。我来给妈妈打个电话，处理这件事情。"当他和他母亲通电话时，他母亲在电话中勃然大怒："我的孩子从来没用过橡皮奶嘴，我也绝对不要看到我的孙子用橡皮奶嘴。"在激烈争吵了一番以后，丈夫最后对他母亲说了一句话："就这样了，我已经决定了，以后也不想再提了。"

即使是在去和丈夫的父母同住以前，丈夫的干预也对妻子产生了强有力的影响。她说："我感到这是我们一起作的决定，而且他也在支持我——这就是我所需要的一切。从那以后，我就再也不在乎婆婆对此说什么话了。"实际上，在那一周里，她婆婆从未对橡皮奶嘴说一句话，哪怕是一个字。这个话题后来也未再被提起。

前任美国婚姻与家庭咨询专家协会（the American Association of Marriage and Family Counsellors）董事长大卫·梅斯提出了下面这条建议：

> 当夫妻双方达成某项共识，并要坚定不移地将其付诸实践的时候，所有试图利用和操控的努力就必定会失败。但是，如果在丈夫和妻子这一联合体中出现任何的软弱或是裂缝，那么就会使得姻亲们有机可乘，在这对夫妻之间挑起不和。[1]

我们必须筑起一道联合阵线。这就意味着我们任一方都必须要拒绝站在父母那一边，而且如果有必要的话，当丈夫或妻子受到批评时，我们就要站起来支持他们。彼此之间恒久的支持会随着时间流逝而产生巨大的效果，它不仅会使我们夫妻得以联合，也会向父母传递出一条清楚但又友善的信息。

如果必要的话，设立界限

在上美满婚姻课程的时候，有一对夫妻告诉了我们一件事情。丈夫的父亲多年独居，他会每天给儿子打电话一到两次，而且常常是在他们晚上

1　大卫·梅斯（David Mace）博士，《预备好进入婚姻》（*Getting Ready for Marriage*）。

刚要坐下吃饭或是上床睡觉的时候。丈夫的母亲在他还是十五岁的时候就过世了，因为他是长子，所以就和父亲之间形成了一种非常特殊而亲密的关系。这在他结婚以前没有造成什么问题。

但是，一旦结了婚，这对他妻子就造成了很大的问题。她变得越来越苦恼。因为公公一个人住，他和儿子之间的关系又对他极为重要，所以如果她对这件事说什么话，她心中就会产生罪疚感。

最后，她觉得自己不能再置之不理了。于是，她对丈夫说："我感到你和爸爸在电话上的谈话越来越让我烦恼了。这些谈话的时间对我们不好，而且每次都是你爸爸先听到关于你的事，这让我感觉被孤立在外。当你打完电话开始跟我说话时，你已经不愿意把说过的事再重新讲一遍了。"在讨论了这个情况以后，他们想到了一个解决办法：丈夫每天在上班时和他父亲通一次电话。

起初，这样做有些行不通，因为父亲还是每天晚上打电话来。所以，丈夫对父亲说："当你早上起来以后，就在我上班时给我打个电话，我很喜欢在那个时候和你说话。在其他的时间，我说话不方便。"

在接下来的一些天，他父亲试验了几次。每次，当他晚上打电话来时，丈夫就会说："对不起，爸爸。现在不方便和你说话，你早上再给我打电话好吗？那个时候，我可以和你好好聊聊。"这样过了两周，用丈夫的话说："他找到了机关。"妻子说，在他们这样做以后，他们的婚姻有了很大的改善，"我丈夫更加注重我们的婚姻，把它放到了优先位置，这让我觉得非常好。"她还说，现在她自己和她丈夫及他父亲之间的关系都比以前更加亲密了。

在类似这样的情形中，第一步必须是夫妻一起来讨论这一难题，并且努力去理解彼此的感受。这并非易事，因为我们会本能地想为自己的父母找理由或是顺应他们的意愿，特别是当我们已经把父母过度理想化，或是他们身患疾病，或是他们独自居住时，就更是如此了。这样做的话，又会反过来使我们想为自己辩护或是对对方的看法不以为然。甚至，我们可能不会认识到有什么问题。我们需要仔细地聆听丈夫或妻子所说的话（如第四章所述），承认这对他们来说是一个问题。通常，带着同情心去聆听至少能解决一半的问题。另外，我们还需要认识到一点，就是我们的伴侣并不是在攻击我们的父母或家庭，他们只是在正当地保护自己和配偶的婚姻关系。当我们认识到这些事情时，我们就会站到有利的地位，和配偶一起来寻找所需要采取的行动。如果必要的话，也可以寻求外界的建议和帮助。

有一对刚结婚的夫妻花了一个小时的时间向我们讲述了他们正在面对的和女方父母之间的难题。女方的父母显然还想要继续控制女儿的生活，对于和女婿建立关系他们并未做出任何努力。在聆听并且理解了彼此的感受之后，这对夫妻决定，最好的办法就是和她的父母安排一次谈话。我们并不十分清楚他们计划对父母说些什么话，但是我们建议他们在谈话中包括以下这些内容：

· 向父母对他们的各种帮助和支持表示感激。

- 表达想要继续与父母维持亲密关系的愿望。
- 用一些实例来解释丈夫为什么会觉得不被接纳，说明为什么这给他们的婚姻造成负担。
- 针对大家如何共同努力来改善这一情况提出一些实用性的建议。

在一个周六，他们去见了她的父母。在临走前的大概一个小时，他们勇敢地提出了这个尴尬的话题。结果，当时气氛很紧张。父母也不太想听他们所要讲的话。但是，在接下去几周中，这对夫妻特意地、千方百计地想办法和父母保持沟通，他们之间的情况也得到稳步改善。面对面的冲突是令人痛苦的，但是从长远角度来看，是非常值得的。

把对方摆在第一位

埃瑞克现在已经离婚了。他承认，以前当他那年轻的妻子独自一人守着一个四岁的小孩儿、一个婴儿、一份兼职工作、在一片陌生的小区和一间又大又冷的房子中挣扎的时候，他自己则常常会在下班回家前先去他父母那里。父母居住的小屋离他工作的地方不远，他会中途在那里停留一下，喝点什么，再和母亲聊上一会儿。

在那个小屋里，脚下踩着长毛绒地毯，手边摆着一满碗自制的奶酪，他会将一天中所取得的成就和遇到的麻烦事一一说给他妈妈听。他妈妈对这些事很感兴趣，她很聪明而且很会激发谈话。有一天，当我们可以有足够的睡眠，只需管好自己的事，而不用对别人负责时，我们也会变成这样的人。当埃瑞克回到家里，看到的是一个体力上因为给宝宝们洗澡而筋疲力尽的妻子，而且这位妻子还在绝望地看着冰箱，想着里面的东西怎么变为一顿饭。对比起这两个家庭和这两个女人，他情不自禁和向母亲大声抱怨起来。最后，是他的父亲阻止了他。有一天晚上，当埃瑞克和他母亲言谈正欢时，他父亲来了，告诉他（带着那一代人的远见），可能他自己的妻子正需要他帮助哄孩子们上床睡觉。可是，那已经太晚了。艾琳已经带着孩子们搬到她自己的母亲那里去了。[1]

如果我们对各样事情都有正确的优先顺序，那么这种情况就不会发生。梅勒妮·索尔这样解释她和母亲之间的关系如何变得更加稳固又不再像以前一样：

> 自己做了母亲，这显然让我和母亲变得更加亲密了。但同时，它又改变了我们之间的关系，因为现在你的责任有所改变了。现在，我的负责对象必须是我的丈夫和孩子。我不希望这看上去好像是我在把妈妈推开，可能有人会觉得就是如此。她不再是我生命中唯一最重要的人了。她的角色改变了——而且妈妈成了一个很棒的外婆……[2]

1　莉比·帕维斯（Libby Purves），《大自然的杰作，家庭幸存指南》（*Nature's Masterpiece, Family Survival Book*），（霍德和斯托顿出版社，2000），第262页。

2　安·麦弗兰（Ann McFerran），《祖国——与母亲和女儿们的交谈》，（维拉格出版社，1998），第28-29页。

第十五章　如何处理童年期痛苦带来的影响

How to address the effects of childhood pain

爱，有改变环境的力量。

——艾伦·斯图奇[1]

　　我们的过去会影响我们的现在，又会进而影响到我们的未来。这种连锁反应在家庭各种关系中表现得更为准确——无论是好是坏。本章是为那些因为童年时期和成长过程中某些痛苦经历而使婚姻蒙受阴影的人而写的。他们也许正在挣扎着去接纳过去所受的创伤，或者，他们也许尚未意识到自己过去的经历与现在的行为之间有何联系。

　　泰德的母亲是一个精力充沛又能言善辩的女性，有着用不完的精力。她把这些精力全部都用到督促三个儿女取得各种成就上面。她满怀抱负，而这些抱负都是她自己未曾实现的。于是，她就全部转嫁到了自己的儿女们身上。泰德的哥哥在运动上卓有成就，他的姐姐可以弹奏两种乐器，而且水平都很高。

　　泰德的母亲总是期望泰德也能取得哥哥姐姐那样的成就。

　　"泰德，你要进入第一队——就像罗伯特一样，"他母亲这样说，"我已经为你在假期安排了两周的训练。""不行，你不可以去和费尔一起住，因为我已经为你登记了一周的小帆船航

1　艾伦·斯图奇（Alan Storkey），《爱情的意义》（*The Meanings of Love*），（IVP 1994）。

行，这样你就可以在明年夏天和简比赛了。"从泰德出生的那个时刻起，他的生活就已经被组织和计划好了，他从来都不可以表示反对或者表达自己的感受。

当他的妻子朱利亚提议说，他们也许可以到湖区去骑自行车度周末时，他尖刻地反问道："你为什么总是想要控制我的生活？"这个回答伤害了彼此的感情，也触发了一场激烈的争吵。他们二人你一句、我一句地开始指责对方，互相朝对方开火，以至于骑自行车过周末的计划也被忘记了。现在，泰德已经把用一句讽刺话来了结争吵的本事练得炉火纯青。而且，他的讽刺话也总会让朱利亚两眼含泪。

泰德那种对母亲想要控制他生活的反感和那种被压抑起来的愤怒，并没有随着时间的流逝而消失。但是，当他把这些情绪倾泻出来的时候，并不是对着母亲，而是对着自己的妻子朱利亚。婚姻中有这么多的冲突，这些冲突的源头到底在哪里呢？他们对此感到非常困惑，最终他们决定要寻求帮助。

世上没有一对父母是完美的，我们中也没有人自小就受到完美的教育。有时候这确实是父母的过错，有时候则不是。未被解决的痛苦或怒气可能是因为某人的去世造成的，也可能是因为亲人离家在外、长期不在身边造成的。另外，父母离婚、对孩子的虐待（不管是身体上的或是情感上的）、过度的控制或是对情感的压抑也都有可能造成痛苦或引发怒气。

家庭环境各有差异，有些人在成长过程中所得到的爱是有条件的，这爱是视他们的聪明程度、长相、能力、学习成绩或在家里表现等因素而定的。若父母亲未能给予孩子们无条件的爱，就很可能会在孩子的心里留下深深的伤口。所以，问题的关键就是我们对于儿时的记忆到底是愉快的还是痛苦的。对于有些人而言，这些记忆令他们痛苦至极，以至于他们最后竟患上健忘症，他们很难回想起自己在成长过程中所体会到的任何感受。

　　儿时的经历所带来的结果就是，我们可能会发现自己有时候会对自己的伴侣或其他什么人作出一些毫无理性的反应。这些反应甚至可能会让我们的丈夫或妻子感到极度困惑不安。

　　米兰达结婚以后不久，就开始在和公公的关系上碰上麻烦。她公公没有女儿，因此就不大习惯和自己孩子同辈的女性融洽相处。米兰达越是脆弱敏感，他就越发强硬固执。有几次，当米兰达和帕特里克去看望帕特里克的父母时，她最后竟是流着泪回来的，这让帕特里克感到大惑不解。这一情形越变越糟，以至于米兰达开始感到身体不适。而且，当他们在预备圣诞节去看望父母时，米兰达心里就开始充满了恐惧。帕特里克意识到了这个问题，于是他们二人开始一同寻求帮助。

　　终于，事情真相大白了。原来，米兰达在童年时代受到过创伤。她的姐姐一直是家里的宠儿。米兰达十八岁时曾经被她父亲打过。而且她父亲命令她离开家，永远不许再回去。后来，她的父母离婚了。当帕特里克和米兰达开始充分讨论这些事情的时候，米兰达意识到自己在和公公相处的问题上所碰到的困难其实是一种过度反应，而之所以有这种过度反应，是因为她自己在过去受到了太深的痛苦。

　　在一个充满爱的婚姻中，像这样的伤害是能够被治愈的。想要找到一种特快疗法是无所助益的。但是，随着时间的流逝，我们的感觉可以被改变，我们彼此亲密相处的能力也能够被恢复。

　　在有关童年时期痛苦的事情上，我们必须注意到两种危险情况。其中一种是被伤害之人心中的绝望感。他们可能会这么说："我无法控制自己的行为，也不能控制这种反应。我是受害者！我就是这样，都是我父母的过错。"我们绝对不可以这样推卸自己的责任。在任何时候，即使是心里仍然带着过去所受的伤害，我们仍然可以选择朝外看，注意到其他人的需要，包括我们的丈夫或妻子的需要。

第二种危险情况就是伴侣的缺乏理解。他们的伴侣也许会责怪他们，而不去想办法提供帮助。这样的伴侣需要认识到一点，就是配偶在过去所受的伤害是可以被治愈的，但往往需要时间。那些曾经被深深伤害过的人可能需要得到有经验的辅导员的帮助。在他们得医治的过程中，伴侣的爱、鼓励会让他们大大受益。

如果你对童年时期的回忆特别痛苦，并且这些回忆可能正在影响着你的婚姻，那么我们就要鼓励你们共同探讨以下几个方面。如果在探讨过程中的任何阶段遇到困难或是产生一些看上去无法控制的情绪反应，那么你们可以去寻求某位咨询专家的帮助，这是非常明智的做法。

认识痛苦的根源

在第十三章一开始，我们就探讨了父母在满足孩子身体和情感的各种需要上所担当的角色。现在，请重新查阅那两张图表——"幼年"和"少年"，问问你自己，你的父母或是任何当时照料你的人，有没有满足你在童年时期的这些需要？

要诚实地面对这些事情可能会很困难。对于大多数人而言，他们对于父母有一种深深的忠诚感，不希望自己看起来好像是对他们忘恩负义。那些童年时期的需要未得满足的人可能会轻易地认为，自己之所以不被爱，都是因为他们自己的错。他们自己猜想，这可能是因为他们无法让自己表现得可爱或是值得让人为他们费心，因此父母才会不肯定他们。但我们需要真实地看见生命中的亏缺，并由此看到对我们现在各种人际关系所造成的后果。

当我们这么做的时候，如果心里面产生一种莫名的怒气或是其他诸如悲伤、拒绝、害怕和羞耻这类的情绪，请不要觉得惊讶。这些情绪若不被释放出来的话，就会被长期地压抑在我们的心里。有一位来参加美满婚姻课程的年轻女性告诉我们，她和母亲之间的关系很糟糕。她还向我们描述有一个晚上自己怎样在卧室里四处扔鞋子的情形。之前，她并未意识到原来是自己将怒气深深地埋藏在心里。

这些情绪上的感受，我们需要倾诉，寻求安慰。在表达中，我们越诚实越好。

彼此同悲伤

童年时期的需要未被满足会在心灵深处留下失落的伤痕。如果丈夫或妻子能够谈论他们过去的缺憾，那么另一方就可以通过聆听来给予对方情感上的支持。只要聆听，不要试图通过解释来消除他们的这些感受，也不要过度地轻视这些影响，要"与哀哭的人同哭"。向关心自己的人坦诚地公开谈论失落感，这一过程本身就会带来医治，并且能够帮助受伤之人面对悲伤的过程。

如果我们的丈夫或妻子回忆起自己在小时候缺少关爱、肯定或支持时，那么我们就一定要特别小心，不能在我们的婚姻中忽略他们的这些情感需要，以免加重他们的痛苦。那些将自己的童年时期的痛苦摆出来的人需要受到来自伴侣的安慰，当然这不是要求来的。

饶恕那些曾伤害你的人

在第十二章，我们描述了有关饶恕的过程。这里，我们将一些重点再提一下。首先，饶恕是一种意志的行为。即使心里不想要饶恕，我们仍然必须饶恕那些伤害我们的人。对于有些人来说，童年时期的经历可能已经变成了一片"禁区"。参加过美满婚姻课程的珍妮弗，意识到自己需要饶恕她的继父。她给我们写了一封信，信中说道：

我有一个继父，名叫约翰。在我七岁的时候，母亲嫁给了他。当我十五岁的时候，母亲与他离婚了。申请离婚的理由是"精神虐待"。我的童年简直就是个噩梦，我最大的愿望就是要尽快长大，好摆脱那个环境。

我现在三十三岁了。这十八年来，我一直都带着这些回忆的包袱和仇恨生活着。那记忆成了我生活的一部分，一片纯粹的禁区。我很孤独凄凉。我怎么能够"饶恕"他所做的事呢？如果那样做的话，正义在哪里呢？我是个孩子，是受害者。从我十五岁以后，我就再也没有见过他——他甚至没有向我请求过（我本来更想用"乞求"一词）饶恕。

上美满婚姻课程以及我生命中的其他改变，这些事情使我能清楚地看到，我需要一次性地了结这件事情，除非我想要让十八年变成二十八年、三十八年、四十八年……没有止境。

我开始几个晚上没有睡着，哭一会儿，再默想一会儿。然后，我就给约翰写了一封信，信中我饶恕了他对孩提时的我所造成的伤害和痛苦。当我写信的时候，我并不知道他是否已经意识到他的那一段生活对我所造成的影响。但是，当我寄出这封信的时候，我知道自己已经被释放了。

后来，我们听说，珍妮弗的继父与她联系了。他并未意识到自己所造成的伤害，也没有意识到为什么他需要她的饶恕。尽管他的反应如此，珍妮弗仍然经历到了从他所造成的伤害中完全释放出来的自由。

饶恕首先是一种意志的行为。其次，它是一个不断持续的决定。在那些受到深深伤害的地方，我们需要反复不断地为同一件被伤害的事情作出饶恕的决定，甚至是每一天都需如此。当我们像珍妮弗一样有意识地去饶恕时，感受就会随之而来。

第三，正像我们在珍妮弗的故事中所见到的，我们的饶恕不应该是有条件的，这不基于我们的父母（或继父母）是否认识到他们让我们失望了，也不基于他们态度上有没有改变。饶恕意味着放弃想要报复的欲望和想要父母们现在可以满足我们需要的期望。这是我们不再让自己依赖父母所要做的一部分。

直接向那些伤害我们的人表达我们的饶恕并不总是可取的或是可能的。如果我们的双亲都已过世或是我们已经失去与他们的所有联系，那么我们仍然需要释放对他们所怀有的所有怒气。

继续前进

当我们饶恕父母时，我们可能会认识到一个问题：因我们在潜意识里想要满足童年时期未曾被满足的需要，我们曾经对别人有缺乏理性的行为，甚至给他们造成痛苦，特别是对那些我们最深爱的人更是如此。我们可能曾经莫名其妙地对自己的丈夫或妻子暴怒，或是有拒绝和仇恨自己的行为，或是将那些努力来爱我们、想和我们亲近的人推开。我们可能过于频繁地拜访父母或是给他们打电话，告诉他们我们的成就，并且渴望听见我们在小时候没有听到过的"干得好"这句表扬。现在我们能够将这些行为丢弃。有时候，这虽然非常困难，但是借着信念和配偶的鼓励，也可能是其他人的鼓励，这是可以做得到的。

但是，变化会让我们产生不安全感。维克多·弗兰克尔描述了当战争进行到末尾、幸存下来的犹太人从达豪集中营被解救出来时的情景。这些囚徒们走出牢房，进到太阳光底下。可是，光线是如此炫目，以至于他们又回到了小牢房里。[1]有时候，我们也会宁愿回到明显不完美却觉得熟悉

1　维克多·弗兰克尔（Victor Frankel），《人对意义的寻求》（*Man's Search for Meaning*），（霍德和斯托顿出版社，1992）。

和安全的人际关系和旧的行为模式中去。当我们继续前进时，我们就可能会觉得被暴露、需要被安慰。如果情况真的是这样的话，我们不要觉得惊讶，也不要觉得气馁。

如果夫妻一方发生非理性行为时，另一方往往是首当其冲的受害者。但他们不应该期望伴侣立刻就发生改变。旧的反应方式被新的反应方式替代是需要时间的。妻子或丈夫要温柔、耐心，多鼓励对方。

怀有希望

我们写作本章的目的并不是为了所有人，而是为了那些在童年时期有着痛苦经历的人而写的。他们童年期存留下来的痛苦和怒气给他们后来的婚姻关系造成了极大负担。如果本章和你的生活有所关联，那么我们鼓励你，为了你自己婚姻的缘故，即使需要付出极大的勇气，也要和伴侣或是和他人（如果有必要的话）一起，来处理掉这些给人带来痛苦的问题。尝试和大家庭成员恢复关系可能是互相的，也可能得不到任何回报，但不管怎样，为了我们自己婚姻的缘故，这样做仍然是值得的。

以下是一位已婚女性和大家庭成员之间关系上的经历：

听着朋友们在讲述他们的控制欲极强的母亲、冷漠疏远的父亲、喜欢干涉的祖母和顽固的祖父，讲述他们在这些亲人之间挣扎的时候，我真不知道自己的成长过程是不是太过简单了。但是，现在，我想我的成长过程有时候其实是很复杂的，甚至需要我转换思维才行。

爸爸妈妈为哥哥和我提供了一个很现实、很正常的家庭生活。当然我俩都会时不时地吵一架。特别是当哥哥和我在学走路和学开车的时候，那是每小时都会吵架的（照我母亲的说法）。

但是，在这一切家庭生活的高高低低中（不管我们有多少不完美），我们总会彼此沟通——现在仍然如此。几乎每个晚上，我们都会坐下一起吃饭。饭桌上，我们会讨论各自一天过得如何。我们会征求每个人的意见，也会关心每个人所遇上的麻烦事。

一天晚上，我的第一个男朋友开摩托车来到我家，他全身穿着皮衣。一到家，我家人就邀请他和我们一起吃饭。他们一点儿都没有表示大惊小怪，也没有彼此窃窃私语或是皱起眉毛表示惊讶。一切都显得很正常，除了我爸爸那句"你为什么不把夹克脱了呢，老弟？你袖子上的流苏碰到奶油韭葱了。"

然后一切继续。

后来，我结婚了，我和丈夫提姆、我哥哥，当然还有我父母之间的关系也逐渐成长。我自己和他们的关系扩展了，把提姆也包括进来了。这关系一定发生了变化——但是我不知道这变化是如何发生的。

我并没有仔细想过这些事情，但是我猜想，我们对自己重新调整了一番，使自己融入新的角色里了。接着，我们有了孩子们，可能我们又再次调整了一番。

我们在电话里聊天；我们在电话中交谈到底肉末可以重新加热几次；我们问爸爸如何做搁架，并且心里希望他能够帮我们来做；我们一起见面吃午饭和晚饭。有时候，他们会照看孩子们，我们就可以抽空溜出去一会儿。带着一个十八个月大的儿子，这个儿子又有把橱柜倒空或是天还未亮就起床的爱好，他们不可思议地忙碌，我们也是屋里屋外忙来忙去。当然这又是另一个故事了。是的，我的成长出奇地平凡。但是，我爱他们，我爱他们每一个人。

结 语

　　这个家庭的成员们远不是完美的——事实上，他们常会强调自己的许多不完美之处。但是，他们却有坚固的基础，他们得以在这些基础上建立各自的婚姻。

　　然而很多人的成长历程并不是这样。在前面的章节中我们已经看到很多家庭陷在艰难与极度痛苦之中。

　　不管我们的过去如何痛苦，都不必然地会损害我们的婚姻。事实上，婚姻本身可以是一种带来医治的关系。我们有一个朋友，她前几天告诉我们，当她还是个小孩子时，她发现自己是被领养的。当时，她非常痛苦，无法接受自己没有认识的直系亲属。但是，当她怀孕有了自己的孩子时，她发现自己的痛苦得到了治愈。这一医治来自于她的婚姻和自己对家庭生活的体验。

　　另有一位男性，他和自己的父亲之间关系不佳。但是，他告诉我们，当他和他的岳父建立了一个健康而且充满爱的关系时，他感到非常的兴奋。这让他终于可以相信，自己没有任何问题。他是一个能够让人接纳的人。

　　有些人因为自己的父母是冷漠和无情的人，有时会担心自己能不能成为一个好父亲或是好母亲。当他们有了自己的孩子并且开始享受疼爱呵护自己儿女的喜悦时，他们的过往的生命创痛也能得到医治。维多利亚·格兰丁宁（Victoria Glendinning）这样写道：

　　　我自己有个艰难的童年。但是，通过我自己儿女们的童年，我可以幸福地重写我童年的记忆。[1]

1　维多利亚·格兰丁宁（Victoria Glendinning），《儿子和母亲》（*Sons and Mothers*），（维拉格出版社，1997），第255页。

　　对我们所有人而言，婚姻都可以成为一种带来医治的关系。在婚姻中，我们从过去到现在一直都有的不安全感和自我怀疑能够被暴露出来，并且被翻转过来。借着上帝的爱和我们丈夫或妻子的爱，这些鸿沟可以被填满，伤害性的话语可以被撤销，我们的信心可以被重建。

·婚姻黄金法则第六条·
孝敬父母，但不被他们所控制。

第七部分
亲密的夫妻生活

SECTION 7
Good Sex

THE MARRIAGE BOOK

第十六章　保护我们的婚姻

Protecting our marriage

以前，我曾愚蠢地试图对那些发生婚外情的人进行分类，就好像鸟类学家给鸟类分类一样。但是，我最后放弃了这一尝试。通奸者是无法被分类的。他们可能是老年人或是年轻人；有教养的或是粗俗的；健壮的或是文雅的；自私的或是慷慨的；仁慈的或是残酷的。甚至，如果我们稍微变通一下的话，也可以说是属灵的或是属肉体的……任何一个已婚人士都可能犯下通奸行为。

——约翰·怀德[1]

我们没有一个人能免于婚外情的危险。我们都有可能被另一个人吸引，而且有时候是在我们最预想不到的时候。最有名的君王之一大卫王，有一天傍晚就是这样屈从了淫欲的诱惑。他在宫殿的平顶上游行的时候，"看见一个妇人沐浴，容貌甚美。大卫就差人打听那妇人是谁"。妇人名叫拔示巴，是大卫军中一位忠诚将士的妻子。这就已经无法挽回了。远在大卫召她上床之前，他已经走得太远。当他开始允许自己在头脑中抱有通奸的想法时，他就已经为自己的行为指明了方向，这些行为将在未来年日里给他的家庭带来可怕的后果。

在今天的社会，婚外情十分盛行而且被广泛接受。但这并没有降低它给每一个涉足其中的人所造成的痛苦。有一个故事，是关于一位名叫朱迪

1　约翰·怀德（John White），《禁果：被玷污的性爱》（*Eros Defiled*），（IVP出版社，1997），第75–76页。

（Judy）的青少年的。她的故事被记载在一份全国发行的报纸中：

> 朱迪一直以来都认为，她父母二十三年之久的婚姻是不可动摇的。但是，在十八个月之前一个沉闷的下午，她的父亲告诉她，他和他们家的一位好友有婚外情，而且已经有两年了。对于父亲的不忠让她心中产生的背叛、受伤和愤怒等感觉，她是这样描述的："我不知道我能不能原谅他……朋友们都对我说：'他是你的爸爸。多想想那些他为你做的事吧！'可是我想：'是的，他当然为我读过睡前故事，但那并不能成为他做这事的借口。'这是他所能做的最自私的事情之一。我们曾经是标准的幸福家庭，三个孩子，两只猫，还有一条狗。可是，我爸爸却做了这件事，还以为一切都会有好结果。我对此感到难过，真的很难过。现在，我和他唯一的接触就是他每个月会往我账户里存钱。"[1]

涉足婚外情很简单，但是随之而来的伤害和破坏却不是轻易就能修复的。婚姻是建立在信任之上的，一旦信任被辜负了以后，要想重建起来那将是一个缓慢而痛苦的过程。从短期来看，婚外情似乎充满了诱惑，它似乎在向你许诺情感上的亲近、亲密的谈话以及令人兴奋的性爱。但是从长远角度来看，当婚姻破裂、家庭生活被摧毁的时候，它将造成无尽的懊悔。

在婚礼誓言中，我们会当着家人、朋友的面，彼此起誓"要忠贞不渝，绝不放弃"。当丈夫或妻子打破这个誓言的时候，他们的伴侣（以及孩子，如果有的话）就会面对一种可怕的背叛。

> 因为背叛誓言就是背叛一个人。让通奸变成坏事的是其中的偷窃和欺骗，而不是性本身。一个偷来的苹果可以很甜，吃下去也是极其健康的。在我这一生中，从来没有一次像在斯凯岛上

1　凯瑟琳·奈特（Kathryn Knight），《泰晤士报》（*The Times*），1996年3月17日。

吃偷捕来的鳟鱼那么饱享美味的。在海滩上，我们把这些鳟鱼放在火上烤了。太阳正在下山，青绿色的海浪拍打着沙滩。我的心情很轻松，充满喜悦。对于偷捕的行为，我并不真的感到不舒服。但是，我们对这些偷捕来的鳟鱼的享受并不能让我们的偷捕变成正确的行为。[1]

现今，人们喜欢按照自己的各种感觉而不是各种规则生活。但是，我们的感觉是多变的，其欺骗性也是众所周知的。有些人瞒着他们的丈夫或妻子陷在婚外情的关系中。有些人知道他们的伴侣正在发生婚外情。另外还有一些人，他们感觉到正在被某人吸引。他们想保持忠诚，可是又感觉被强烈吸引，因此陷入左右为难的境地。

要有智慧

通常来说，婚外情并不是预先谋划好的。凯瑟琳是一位已婚女性，她感觉到自己被另一个男人所吸引，想要与他有一种关系。她向我们讲述了自己的经历。她对那个人的感觉来得突然而且强烈，令她大吃一惊。但是，因为这一吸引与性无关，所以她觉得这些感觉是"纯洁而美好"的，至少一开始如此。她已经结婚七年了，但是现在，她发现自己被她工作上的同事罗伯深深吸引。私下里，她和自己的这些感觉对抗了六个星期。

一天晚上，凯瑟琳和一群同事一起出去，其中也包括罗伯。喝了几杯以后，她发现自己在向罗伯倾诉衷肠了。罗伯也很渴望追求这一关系。对于凯瑟琳而言，吸引她的是一种亲密的感觉，有一个男人会聆听她讲话，而且似乎也了解她。而罗伯的欲望则是想要和一个他认为很有魅力的女人发生性关系。

1　约翰·怀德（John White），《禁果：被玷污的性爱》（*Eros Defiled*），（IVP出版社，1997），第81页。

凯瑟琳告诉我们，拯救她免于开始婚外情的是两种认识。第一种认识来自于一本有关婚姻的书籍。这本书教会了她如何进行分辨：对于一开始的被吸引，她并没有责任；但是对于选择继续持有和把玩这些想法，她则需要担负责任。

第二种认识是，她并未坚强到可以靠自己来处理这个诱惑。她默默哭泣，请求帮助。最后，她向一位信得过的年长妇人吐露了心事，寻求她的支持和建议。一旦把自己内心的一片混乱倾倒出来以后，她就不再感觉到自己是在单枪匹马地作战，而且也能够更清楚地看待这个问题了。此后，凯瑟琳下定决心，要设下界限，以免自己对丈夫不忠。因为工作的原因，她不得不和罗伯待在一起，因此她甚至准备好如果必要的话就更换工作。不过，实际发生的情况是，罗伯被转到另一个办公室去了。

与此同时，因为她一直在向丈夫西蒙隐瞒着这些想法，他们之间已经有了一些距离。西蒙感到凯瑟琳已经把自己封闭起来，不和他进行深度沟通了。可是，他不知是什么原因。当凯瑟琳开始采取行动来阻止自己发生婚外情后，她感觉到自己能够告诉西蒙为什么她会有这些改变。告诉了西蒙以后，她就向他表明希望能得到他的原谅。

自从把事情都摆出来以后，凯瑟琳就决意要让自己的思想专注在她丈夫和婚姻中一切良好的方面上。西蒙也开始更加留心听她讲话，并且鼓励她、肯定她。这次准危机的结果是，不仅他们的婚姻被拯救回来，就连他们之间的关系也比以前更近了。实际上，那些对此事一无所知的朋友们都异口同声地评价说，他们看上去就好像是一对刚刚坠入爱河的情侣。

在婚姻关系中投入时间和精力

导致婚外情的根本原因几乎总是因为婚姻中缺乏亲密感。婚外情至少会在一段时间内，可以满足一位心怀不满的丈夫或妻子对于关注、尊重、关爱或刺激的渴望。因此，对付外遇的最佳方法就是爱护我们的婚姻，让夫妻之间的关系不断朝着坚固、亲密和深度的方向成长。夏洛特是两个孩子的母亲，也是伦敦城的一位银行业从业者。她这样描述可能发生的事情：

> 虽然那个时候我并未意识到，但是当我嫁给了约翰之后，我对他的态度就变了，开始把他的存在视为理所当然了。约翰很期待婚姻中的亲密感，可是我仍然是一个纵情享乐、喜欢社交的女孩子——因此，我总是跑到外面去玩，心里知道我丈夫在家里支持我，因此就感到很安全。我们就这样过着各自分开、十分开心的生活，一直到我们有了第一个孩子。我很喜欢做母亲，但是仍然会抓住一切机会跑出去玩。在那段时间里，约翰和我之间的关系急转直下，因为彼此见面的时间没有了。我从未停止过爱他，但是我的脾气却变得越来越坏，而且越来越容易发怒。我并未意识到他对我的迷恋在逐渐减少，憎恶感不断地产生出来。当我们的第二个孩子出生的时候，他已经开始了他的婚外恋。[1]

因为未能在婚姻关系上用心，所以夏洛特和约翰就逐渐分开了。他们未能让双方的根彼此缠绕。

如果我们不花时间在一起、不作深度的沟通、不做爱、不解决所受的伤害，我们的关系就是建立在脆弱的根基上。如果我们的爱只是浮于表面的话，那么我们就会越发容易受诱惑、苛求责备、缺乏理解、不愿饶恕。我们可能会在接受岁月所带来的改变或是孩子的到来时充满挣扎；可能会把别人的关系理想化；可能会对其他的男人或女人充满幻想。就像是一棵无根的树一样，我们会对风暴毫无抵御之力。

而且，我们还会错失机遇。喜悦，并不是在一种肤浅的新关系里找得到的，也不是在以假名登记的酒店房间内或是在罪恶假期里找得到的。真

1　《好管家》（*Good Housekeeping*），2000年3月，第64页。

正的喜悦是在于"喜爱那一双美丽的手、熟悉那正在走进家门的脚步声，注视着他的脸，也熟悉那上面的每一个表情"。[1]

设立界限

不忠始于你的心思，也止于你的心思。这对凯瑟琳如此，对于每个世代的人都是如此，不管人们的年龄、文化或性别如何。我们都无法时刻保持自己不被别人吸引，但是我们可以决定要不要对这样的想法进行控制。为了婚姻的缘故，我们必须在这样的想法变成习惯以前就把它从头脑中驱逐出去，为保护我们的心思意念设下恰当的界限。

当意识到这种诱惑正在日益滋长时，我们就必须下定决心不让自己和当事人有独处的时间。有时候，甚至必须要定意不让自己见到他们。共进午餐的邀请必须拒绝。在一开始就说"不"，能够避免日后的许多问题。

许多婚外情并非起始于直接的性吸引，而大都是借着亲密的交谈。当一位异性允许我们进入他们思想和情感的私人世界时，一种危险（但又撩人）的亲密就产生了。当我们再进一步被吸引进去时，我们可能会开始觉得他们比我们的丈夫或妻子更了解我们或者更需要我们。如果一旦感觉到可能已经逾越了（哪怕只有一点点）这条界限时，我们所能采取的最佳行动就是将谈话内容尽快告诉丈夫或妻子。

将我们的感觉告诉另一个人

当强烈的感觉在我们的许可下持续增长或者出乎意料地降临到我们时，将这些感觉告诉另一个人常常能够消除它们对我们的影响力。有一对

---

1 艾伦·斯图奇（Alan Storkey），《爱情的意义》（*The Meanings of Love*），（IVP出版社，1994），第83页。

夫妇，他们告诉我们，在他们结婚第一年的时候，他们二人都发现自己在不同的时间被别人强烈吸引。他们把这些想法藏在心里的时间越长，感受到的吸引力也就越强。只有当他们向对方坦白这些感受时，这个泡沫才会破裂，对别人的迷恋也才会迅速消亡。如果觉得难以向丈夫或妻子启齿的话，我们可以找一位值得信赖的人，向他们吐露这些心事。

情感上的不忠持续的时间越长，就越难以让人回头。那些已经踏上不忠之路的人常常提到他们所感受到的那股力量。他们会说，他们从未对一个人有过这么强烈的感情，而且这些感情也是真实美好的。有时候，他们会坚持说，这是他们第一次感觉到自己充满了活力；而且，这可能就是他们一生中经历到这种"爱"的唯一机会。他们感觉到自己被吸引着飘向幸福和自由的未来，他们对此也是无能为力。

然而，这样的感受是极度不可靠的。我们需要有一个长远的观点：到了一定的时候，这种迷恋（像任何别的迷恋一样）将会消失。到了那时候，他们原先婚姻的伴侣看上去就不会这么一无是处了。而且，他们将会频频回顾他们的婚姻和被他们破坏了的家庭生活，心里充满懊悔。尽管做出结束婚外情的决定可能会是一生中所作的最为艰难的决定，但是随着时间的流逝，到了回顾从前的时候，他们将会知道这是最正确的决定。

站稳立场

如果发现伴侣正在发生婚外情，我们应当怎么做？我们需要饶恕他们，继续去爱他们，期待着把他们赢回来吗？当然，饶恕和爱都是不可或缺的。但这并不意味着我们要容忍伴侣继续做出危害婚姻的行为。有时候，最有爱心的行动要求我们采取一种强硬的态度并且站稳立场。盖瑞·查普曼给出了如下建议：

> 在婚姻中，有些事情是不被允许的。当婚姻中持续出现身

体虐待、外遇、对孩子的性虐待、酗酒或是吸毒成瘾这些情况时，就该凭爱心采取行动。[1]

如果对这样的态度和行为听之任之的话，我们自己和我们的婚姻都将被摧毁。爱要求我们饶恕，但有时候，爱也要求我们勇敢地面对。

对于丈夫马丁横行霸道的行为，丽莎从未勇敢地正面抵挡过。他总是为所欲为，她则对自己完全失去信心。结婚八年后，丽莎发现马丁在和一个邻居私通。马丁许诺会为了他们的婚姻和三个孩子的缘故停止这一关系。但是以后又有三次，丽莎发现他们的关系仍在继续。每次，马丁都向她保证他会结束这一关系。最后，在一位朋友的建议下，丽莎采取了行动。

她告诉他，他破坏了他们婚姻中的信任，现在他必须搬出去。如果他继续坚持要有不忠行为，那么他们之间的婚姻就会结束。但是，他如果能够用行动和言语来证明自己还想要回来的话，那么他们的婚姻还会有被挽救回来的一线希望。这是结婚后第一次，丽莎勇敢地起来为她所认为正确的事情进行坚持。

当我们见到他们的时候，他们已经分居几个月了。这个时候，马丁正想要回家来。自从丽莎对他的行为划清界限后，他对丽莎反而尊敬了。他开始意识到自己不能为所欲为。他必须在外遇和家庭之间作一个选择。比起之前的默许来，丽莎的坚定立场更显爱心，因为这给了他们重新和好，婚姻得以恢复的最大希望。

1 盖瑞·查普曼（Gary Chapman），《离婚者的盼望》（*Hope for the Separated*），（慕迪出版社，1982），第78页。

不要太快放弃

银行业人士夏洛特没有放弃丈夫约翰回到她身边的希望。最终，约翰告诉她，婚外情结束了，他同意回家。夏洛特这样说道：

> 他做出承诺，要留在家里。但是，让他开开心心地愿意待在家里则又花了一年的时间。在那段时间，他不愿碰我，很少和我说话，好像对回家感到很愤怒。而且常常告诉我，他还在爱着那个女人。

> 他回家后的那个夏天，我带着一个儿子出去度假，把另一个儿子留给了他。假期很美妙，我一次也没有给约翰打电话。到了第五天的时候，他打电话给我，说很想念我们。那是个转折点。在他搬离家刚满两年的时候，他又回到了我身边。

> 慢慢地，我们开始重建我们的婚姻。[1]

如果你或你的伴侣正在或曾经处在外遇中，正在挣扎着想要重建你们的婚姻，那么我们就推荐你们读一读本书后面参考书目中列在"重建婚姻"这一标题下面的书目，可以在其中挑选一本。我们认识不少夫妻，有些夫妻的故事被引用在本书中，他们在经过了一段时间的婚外情以后，又复合了。而且，他们还刻意要培育和保护他们自己的婚姻。很重要的一点是，我们要认识到，信任的重建是需要时间的。不忠的丈夫或妻子不能期望伴侣表现得好像什么事都没发生过一样。他们需要体贴、耐心，了解伴侣可能会经历到的从愤怒到恐惧的各种情绪。

对于某些人而言，饶恕将会是一个每天的决定。有一位男性，他的妻子最近发生了外遇。他告诉我们，每次当他吵架时，他就会想："在经过了这些事以后，她还有什么权利表示不同意？"但是，他知

---

1 《好管家》（*Good Housekeeping*），2000年3月，第64页。

道，饶恕意味着不去紧抓着她的过去不放。他必须给她和他们的婚姻一个重新开始的机会。与此同时，他的妻子也必须要学习，如何借着信念和丈夫对她过往的行为的原谅而将自己从没完没了的罪恶感中释放出来。

第十七章　让性爱富有活力

Keeping sex alive

性的结合是"我爱你"的真实表达。

——艾伦·斯图奇[1]

在本书中,我们提到了婚姻的许多方面。不管是哪个方面出了问题,如果我们对此不加以处理的话,那么就都会使婚姻陷入发生婚外情的危险。然而,如果我们没能培育出良好的性关系,我们就会变得极其脆弱。我们的性欲和性反应是很复杂的。即使是在最坚强的婚姻中,夫妻也会有性欲减退、麻烦重重的时候。这些问题必须立刻得到处理和解决。如果我们任由婚姻中的性亲密淡然出局的话,那么就会使我们的关系失去一个非常特殊的性质。

有一些夫妻,因为身患疾病,身体虚弱,但即便如此,在他们的关系中,性仍然是极其重要的一个部分。在这样的情况中,除了发生完全性行为以外,还有一些别的方式,可以令我们伴侣得到爱和满足,从而感觉到被爱和被珍惜。

本章并不是涉及所有性困难的综合指南。在这里,我们并不会处理性虐待、性暴力或是发现伴侣有同性恋倾向等令人痛苦的问题。除此以外,我们也不会讨论不孕、流产或堕胎等行为带来的后果。这些问题可能会导

1　艾伦·斯图奇(Alan Storkey),《爱情的意义》(*The Meanings of Love*),(IVP出版社,1994),第164页。

致当事人感情受创、悲伤抑郁、有挥之不去的罪恶感以及害怕或绝望的感觉，这些都会影响到夫妻的生活。

对于这些令人痛苦的问题，我们的建议是找一位信得过并且足能提供良好建议的人（或是一对夫妻）。医生也许可以把你引见给某位专业的心理辅导专家。

大多数婚姻都会在某个阶段经历一些困难，这些困难都影响到夫妻关系。有些夫妻会陷在一种毫无激情的陈规旧习里，裹足不前。究其原因，可能是因为他们不知道如何解决问题，或者是因为他们已经对此听之任之，因此彼此不再亲密，也不再想要共同面对。但是，我们认识一些夫妻，他们单单因为决心共同面对他们的问题、彼此讨论、愿意改变而走出了他们的困境。

以下所记的是婚姻中的性关系之所以陷入困境、最终以失败告终或是从未真正开始过的五种最普遍的原因。任何一种原因都可以加以解决和纠正。

自卑

自尊和对自己身体的态度会对我们的性欲产生深刻的影响。我们自己和我们伴侣的身体是被悦纳的。并不是所有人都拥有超级名模的身材或是运动员的体魄，每个人都有独特的身体，彼此之间有无限的多样性。我们有高有矮、有胖有瘦、黑色的、棕色的或是白色的，而且在这之中还有不同的形状和色彩。

今天，文化与媒体给我们定规了什么是美丽。虽然，特定的细节会随着模特们的霎来即去而有所变化，但是主要信息仍然是一成不变、十分清楚的：你必须是一个非常苗条的女人，或者是一个身上有八块腹肌的猛男。这种必须符合某一形体的压力可能对于女性会特别突出。根据一些调查显示，英国百分之八十以上的女性对自己的身体感到不满，有百分之三十饮食失调。越来越多的女性不满意自己最自然、最健康的体重，而采用半饥饿疗法。一旦对这一节食方法有所偏离，就会导致体重上升，进而让她们有罪恶感并讨厌自己。假如你发现自己有食欲减退或有暴食症的倾向，或者你为了维持体重而运动过度，甚至有强迫症倾向时，那就请你务必去寻求帮助，这是非常重要的。

我们可以选择自助或互助。我们绝对不可将我们自己或伴侣的体形和流行风尚比较。特别是对于女人而言，她的自我感觉会深深地影响到她的性乐趣。如果她感到自己体形不佳，而且对此自我意识强烈的话，将会大大影响她和丈夫的夫妻生活。

我们每个人都能借着不断地告诉丈夫或妻子他们很美、很有吸引力，来建立他们的自尊（如果我们不这么做的话，那么他们很可能就会去聆听别人对他们说这样的话，结果就有使得婚姻陷入婚外情的危险）。夫妻之间需要有一条不成文的规定，就是永远都不去批评对方的身体，也不对此抱有不切实际的期望。

除此以外，还有很重要的一点，就是我们需要在婚后继续在外观上为彼此做出努力，就像我们刚开始约会的时候一样。否则的话，我们就会轻易陷入一个恶性循环。我们可能会认为，"我的伴侣已经对我的长相不感兴趣了"，或是"他从不对我说我多么有吸引力"，或是"这些天，她都不对我说我让她感到兴奋了"。因此，我们就开始失去信心，也开始失去装扮自己、让自己能够吸引对方的动力。我们可能会觉得这太令人尴尬，而且也毫无必要。但是，毫无疑问，在我们刚结婚的时候，我们的身体肯定让对方觉得很有吸引力。在婚姻中，我们其实仍然可以让这一状况持续下去。

当我们不断地在言语上、在身体上发出温柔而又充满激情的爱的示意，我们就能带出对方的内在美。我们经常会注意到，当一个人知道自己是被人所爱的时候，他们就会变得越来越美丽。他们的身上会焕发出一种内在美，这一内在美也会微妙地影响到他们的身体外观。爱会带出美丽。

被压抑的情绪问题

不要把性变成解决问题或冲突的手段。像焦虑、怀疑或憎恶之类的感觉会影响到夫妻的亲密关系。对于男性来说，一种典型的情况就是，他们会把性当作一种暂时逃避痛苦或怒气的手段。但是，对女性而言，负面的情绪常常会使得她们选择退缩，把自己封闭起来。

如果婚姻中有一些未被处理的伤害，或是过去的性关系，甚或是我们的成长背景，这些都可能会影响夫妻生活，或是无法将自己全然地给予对方。如果有必要的话，可以再次参阅第十二章中充分讨论彼此那些曾伤害对方的地方，以及第十五章中如何处理童年时期痛苦的部分。许多夫妻告诉我们，当他们共同面对这些问题以后，他们的性爱质量有了很大的提高。一种新的力量被释放出来，他们的亲密感也达到一种新的水平。

疲劳

疲劳很可能是干扰夫妻生活的最常见原因。这可能产生于婚姻的任何一个阶段，不管是在结婚早期、几年后当孩子们到来时，或是在事业变得越来越需要费心费力的时候。

疲劳就意味着，晚上所要做的最简单的事情就是一屁股坐在电视机前面，停止一切的交流，不管是语言上的还是身体上的。

对于这一问题，并不存在什么特效药。但是，意识到疲劳对夫妻关系会产生危险就等于成功了一半。此外，对我们的生活方式进行一些改变也能带来帮助。说也奇怪，更多的锻炼能够让我们少觉得疲惫。我们中许多人都不太锻炼，或甚至一点都不锻炼。我们整天只是坐在车里、办公桌前或是在家里。锻炼在各方面都有益于我们的健康（除非我们对此变得过度迷恋），对于我们的性乐趣尤其如此，能让我们感觉到更有精力。因此，找到一种适合你的锻炼方式是很值得一试的，也许可以尝试每天花十五分钟时间快走，或是骑自行车去上班。

对另一些人而言，在上班时间和家庭时间之间设下一些更为清晰的界限是必要的。为彼此创造一些放松、浪漫的时间以及计划每周一次的单独相处时间，这些都将帮助我们免于过度疲劳。

分娩后的调整和改变

在怀孕和分娩期间，女性处于一生中最脆弱的时候。夫妻间的生活难免会出现巨大变化。丈夫要特别体贴、关心并且呵护自己的妻子。孩子出生后，性爱还会继续，但是丈夫和妻子都需要付上无私的爱和理解。丈夫必须充分地理解妻子在分娩之前、之间和之后所发生的身体上的变化。然后，他可以向妻子表现出必要的温柔，让妻子来引导他。

丈夫需要在两个极端中间走一条微妙的中间路线。既不要因为害怕伤害到妻子而过度担心，甚至不敢抚摸妻子；也不要因为过度渴望继续他们的亲密关系，而等不及妻子身体恢复。

每一对夫妻都必须做出最适合他们的方案。这需要彼此敞开心扉，真诚地交流，做妻子的在解释自己身体和情绪上的感受时尤其需要如此。母乳喂养和伴随而来的疲劳会影响到女性的感受。但是，不要绝望！时间会带来医治，就像女性骨盆肌会随着时间慢慢恢复一样。这些运动的目的不仅是重新恢复产前的形体，也是保证女性在产后仍然能够继续和谐的夫妻生活。

丈夫和妻子越是能够花时间和他们所创造的孩子在一起、共同承担起照料的责任，并且在这过程中共同学习进步的话，那么他们之间就会变得越来越近，而且会越发感觉到被对方所吸引。如果丈夫显得好像什么事都没发生过一样的话，那么就会让孤立感和分离感有机可乘。对妻子而言，最理想的丈夫是能够伴随她经历这一切的人。她可以从一个全新的角度认识丈夫，而这会制造亲密感和性吸引。与其他任何时候相比，夫妻在这段期间更需认识到将自己在爱中献给对方又珍惜对方是什么意思。

最后，对于将婴孩带上床这一问题，我们必须要小心。当孩子还小的时候，这显然是一件很正常的事情，因为这将有利于半夜的喂食。但是，即使如此，有许多母亲还是喜欢从床上下来，坐在椅子上喂食。但是，在经过了新生期以后，让孩子待在我们的床上这一行为很快就会变得毫无益处。对于年幼的孩子而言，形成的模式是很难改变的。而要向一个十八个月大的孩子这样做的话，这对谁都是一种痛苦的经历。因此，我们的建议是从一开始就不要形成这种习惯。

孩子的出生不应该导致夫妻生活的乐趣减少。事实上，应该截然相反，因为夫妻能更加体会到创造生命的奇迹。

　　即使你现在正在试图阻止（用尽一切办法）一个奇迹的发生，但是这种感觉仍在：生命的奇迹正在试图发生。理解这一事实的男人和女人就会携手共进。请你选择吧！准备好接受改变，就像接受四季的轮换和家庭中许多其他方面的改变一样。你不可能获得一切，但是借着耐心和幽默，你可以从中获得很多很多。[1]

---

[1] 莉比·帕维斯（Libby Purves），《大自然的杰作，家庭幸存指南》（*Nature's Masterpiece, A Family Survival Book*），（霍德和斯托顿出版社，2000），第225页。

结 语

　　我们的文化在用许多错误的性爱认识轰炸着我们。另外，对于婚内性行为，也有许多的谎言。

　　我们很容易就会上当受骗，并且会感到困惑不解。而真相就是，夫妻之爱是在一个充满爱的婚姻内产生的。这样的爱远超过单纯的肉体满足。它能在夫妻间创造一种深层的情感、心理甚至是灵性上的纽带，使夫妻可以借助这一超越言语的方式来进行爱的交流。在婚姻生活中，我们的关系能够温柔地、经常地，并且充满激情地向对方表达出我们的爱，并且可以多年如此。

　　如果使用不当的话，我们会被抛向痛苦和孤独的深渊；反之，那份美好的之爱会把我们带向合二为一和心醉神迷的新境界。

·婚姻黄金法则第七条·
不要忽略性亲密。

附录

APPENDICES

THE MARRIAGE BOOK

附录1 婚姻，预备好了吗？
Ready for marriage

我们如何知道彼此是不是合适呢？如果我们彼此合不来，怎么办呢？心存怀疑是正常的吗？我们对于婚后生活有现实的看法吗？当我们在认真考虑婚姻的时候，这些很可能是我们会问自己的一些问题。这样的问题必须诚实地面对。

在这一附录中，我们列举了七个关于爱的测试。这些测试的目的是揭示出我们是不是拥有一个建立稳固婚姻的基础。[1]

这些测试不仅能显示我们是不是合适对方，还能显示出我们是否已经准备好进入婚姻。婚姻的建立绝不能仅仅出于迷恋。"恋爱"的感觉无法令婚姻维系一生。这种感觉会渐渐消失，但是以下这七个关于爱的方面则

1　这些测验均改编自沃尔特·特劳斯（Walter Trobisch）所著的《我与你结婚了》（*I Married You*）一书，第89–92页。

会随着年日变得越发坚固。

测试一：我想要和这个人分享我的余生吗？

婚姻指的是两个各自独立生活着的人走到一起，分享人生的一切。这样的思想是使我充满兴奋呢还是充满不确定的感觉？

婚姻并不允许我们仍然维持各自独立的身份，却又住在同一屋檐下、使用同一张床、花许多的时间在一起。婚姻意味着要准备好与另一个人分享我们全部的生活。

我准备好要分享我的时间了吗？我曾经一直以我自己的方式来计划我自己的事情。现在，我们将需要共同制订属于我们的计划了。婚姻并不意味着要和对方共度每一分钟，但它的确意味着我们在作计划的时候总需要要把对方考虑在内。

我准备好要分享我的钱财了吗？我能够诚实地说"任何属于我的东西将变成我们共同所有的东西"吗？在婚姻中，没有任何东西会仍然是单单属于我自己的，因为我们承诺说"我在这世上的所有财物都要和你共享"。我所拥有的每一样东西，不管是大是小，是贵重或只是情感上的，都将要和另一个人同享。我准备好了吗？

测试二：我们之间的爱是让我更有活力还是让我精力耗尽呢？

如果一个关系是健康的话，那么当我们在一起的时候，我们将会感觉到更加富有活力，也更加有动力去充分活出我们的潜质。对方的爱应当会释放我们，成就我们。与很多人的看法截然不同的是，婚姻是能够释放人的。当我们体验到一个稳固的婚姻时，我们就会活出一种被对方的爱所更新的生活。

　　最亲密的友人或家人常常能够最准确地看出这一关系对我们产生的影响。如果我们能够让对方发挥出最好的一面，别人就会想要和我们相处。当我们在一起的时候，我们是彼此都觉得更完全呢，还是不完全？这第二个测试将显示我们之间的爱情是否能促动我们、激励我们。对有些情侣而言，单单为了维持这一关系所付出的努力就已经让他们筋疲力尽并且感到被困其中了。那不是一个健康的婚姻基础。他们可能已经和他们的伴侣约会了一段时间，害怕停止交往就会伤害到他们。但是，如果这一关系没有一个长远的将来的话，分手还是宜早不宜迟。

测试三：我尊敬这个人吗？

　　我们可能会在不同的方面被对方吸引。但是，尊敬要比单纯的吸引更为深刻。

"要是刚才押二号马赢，我们蜜月的预算就能翻倍了。"

　　我尊敬这个人的品格吗？我们可以通过观察一个人如何与人相处来

发现这个人的品格：他如何对待老年人、年轻人、家人、同辈和那些来自不同背景、文化或种族的人。他们有没有表现出同情心、勇气、毅力、耐心、始终如一以及其他我们看重的品格？他们也许是翩翩的英俊少年，或拥有一份权高位重的工作，或是一个厨艺精湛的厨师，或是一个卓越的运动健将，但是，他们待人接物亲切友善吗？——如果你有所怀疑的话，那就观察他们对待他们母亲的方式吧。

我尊重他们的判断吗？他们所作的大大小小关于职业、钱财或家庭等的决定又如何呢？我们核心的信念和价值观彼此相容吗？如果我们特别看重一些事情，可是却和一个在这些事情上与我们看法截然相反的人结婚，那将是一种不智之举。比如说，在有关信仰、道德问题、教育或是儿女等事情上我们有没有一致的看法？如果我们发现伴侣不希望要孩子，这可能会令我们万分痛苦，这将对我们的后半生产生影响。

我能够对我自己说"我爱这个人，并且对此感到自豪"吗？一个很有效的问题是："我想要让这个人成为我孩子的父亲或母亲吗？"

测试四：我能够按着这个人的本相接纳他吗？

我们没有一个人是完美的。每个人都有一些软弱、怪癖和坏习惯。这个人身上有什么让我们感觉烦恼的吗？我们必须确定一件事，就是即使这些一点都不改变，我们还是能够一起生活并且彼此相爱。我们的婚姻不能靠分期付款，希望着一旦结婚后能够这里一点那里一点地改变对方。我们通常会失望的。

一些上瘾性的行为，比如酗酒、吸毒、赌博或色情，常常需要获得专业机构的帮助。这些问题应当在结婚以前就进行处理，因为，结婚本身无法解决这些成瘾行为。

测试五：我们能够承认我们的错误、向对方道歉并且彼此原谅吗

在任何的亲密关系中，都将不可避免地会有意见的冲突和负面的感觉。约翰·格雷在他的《男人来自火星，女人来自金星》一书中如是说道："有些夫妻一直都在争斗，他们的爱便逐渐销声匿迹了。还有些夫妻为了避免冲突和争吵而压抑自己真实的感受，这样做的结果同样会逐渐失去爱的感觉。前一对夫妻在战斗，后一对夫妻是在冷战。"[1]

这两种处理办法都是行不通的。当我们伤害到彼此的时候，我们需要敞开谈出来，放下骄傲，道歉并且原谅。这需要良好的沟通。我们作为夫妻，有没有以建设性的方式来解决彼此之间的分歧？这一测试的目的并不在于了解是否存在冲突，而在于是否能够解决冲突。

测试六：我们是否具有共同的兴趣可以作为友谊的基础

我们在一起有乐趣吗？友谊是建立在一些共同的经历上的。共同的活动能引发一些共享的秘密和回忆。我们有没有发现一些双方都觉得享受的爱好？当我们一起做这些事的时候，是不是觉得愉快？婚姻并不是要分享

1　约翰·格雷（John Gray），《男人来自火星，女人来自金星》（*Men are from Mars, Women are from Venus*），（托森斯、哈珀·柯林斯出版社，1993），第151页。

每一个爱好，但是，结婚以后，仍然继续分享这些共同的喜好和活动对于维持我们的友谊是非常重要的。

测试七：我们有没有一起度过四季以及各种不同的处境

我们有没有见到过夏季和冬季的他？有没有看到过他穿着短裤和大衣的样子？还是我们所见到的他就只是头发洗得干干净净、一副准备好出去约会的样子？我们知道对方的全部吗？我们对彼此的了解是不是既包括事情一帆风顺的时候又包括处境艰难的时候？我们彼此是如何处理压力或危机的？

有些人因为在前一次的恋爱或婚姻关系中遭受了一些创伤，或是生命中遭受了一次悲剧性的打击，便急匆匆地进入了婚姻。如果把婚姻当作一个逃避痛苦的机会，婚姻就缺乏稳固的基础，对任何的关系而言也都是如此。只有当我们花足够多的时间在一起时，对方的真我才能真正显露出来。正像有一个人说的："爱其实就是你和某人共同经历过的一些事情。"

有一些人虽然能够对这七个测试都给出"是"这个答案，但是，他们仍然在为要不要委身于婚姻而挣扎，因为在过去的生活中，他们所信任的人让他们失望了。有可能是他们父母的婚姻有过虐待；或是他们的父亲或母亲在他们情感上很敏感的年纪离开家庭了；或者，他们以为前一次的婚姻关系能持续终生，可是最终还是破裂了。

要战胜害怕委身这一问题的第一步就是要认出它的源头。与一位信得过的朋友讨论这个问题会很有帮助（一般而言，将这些疑虑和第三方，而不是我们的家人，进行讨论会比较好）。

第二步是要饶恕那些曾经伤害我们的人。每一次，当痛苦、怒气或失望重新浮现的时候，我们都需要再次选择原谅。当我们这样做的时候，渐渐地，过去的回忆对我们的控制就会越来越少。然而，对很多人而言，只有在他们自己亲身经历到一个充满爱的婚姻、亲身体会到的忠诚，并且在信任中成长的时候，他们对于委身的惧怕才会最终得到解决。

我们有一些婚姻幸福的朋友，他们对于所有这七个测验的答案都是肯定的，但是在他们举行婚礼的那一天，他们仍然在踌躇和疑虑中挣扎。要结为连理并说出那些将会影响我们终生的誓言是需要勇气的。

我们也认识一些人，他们勇敢地在婚典几周以前甚至几天以前终止了他们的婚约。有些人后来和别人结婚了，有些人至今仍然维持单身。他们对自己的决定并不感到后悔。维持单身和独立状态，活出我们的潜能，这要比承受因为择偶不当而导致的不幸后果远远好得多。

附录2　订婚、性和蜜月
Engagement, sex and the honeymoon

订婚

订婚是一段预备的时期，不仅是预备婚礼，也是预备婚姻。这是一段用以培养友谊、更多了解彼此，尤其是认识彼此对婚后生活持有哪些期待的时期。我们希望，借着讨论本书内容能够给你们提供帮助。在这段时期，普遍会产生一些关系紧张和误解，婚礼安排计划往往会对此起到加剧的作用。学习如何解决分歧是这个时期的一个宝贵功课。

订婚期间的性界限

订婚期同样也是一段我们学习如何控制肉体欲望的时期。我们需要在婚礼上作了委身的誓言以后才将自己在性关系上给予对方。麦克·梅森这样描写性交这一行为：

> 性爱象征着完全的信任和降服，它需要以一种完全的降服为基础与环境。它需要一个让二人全然安心的完美宣誓以及对二人将要进入的关系彻底委身的态度。而这正是一个充满爱的婚约才能够做到的。[1]

1　麦克·梅森（Mike Mason），《婚姻的奥秘》（*The Mystery of Marriage*），（三角出版社，1997），第100页。

有些人坚持认为，我们必须在婚前就要发现彼此能否在性关系上合拍。但是，尝试性的同居并不是一种公正的检验。

1998年7月，由英国上议院和下议院委任的家庭与儿童保护组织向内政大臣提交了一份报告，题为《家庭事务》。该组织发现，"根据绝大多数同居者的经验，同居并不能建立一种安全的关系……"那些婚前同居者婚后的离婚率几乎是那些未曾婚前同居之人的两倍。

这一情况的原因在于，性关系会让我们变得脆弱。这种脆弱需要信任，而这样的信任只能存在于婚礼誓言的坚固支撑当中。只有处在一个完全委身的关系中时，我们才能真正自由地将自己毫无保留地给予彼此。因此，重要的并不是我们的性经验、体质或是二人来不来电，而是委身、自我牺牲的爱，只有在这样的环境中，才能产生出最美妙的性爱。

性欲具有强大的力量，所以，我们有责任不去"惊动"或"叫醒"对方，越过他们自我控制的极限。在我们结婚之前相互交往的4年间，我们设立了一些性关系的界限。我们发现这些界限极有价值。

力奇　认识十六个月以后，我们已经深深相爱了。而且，我们对彼此矢志不渝。性爱似乎是水到渠成的事了。

希拉　我当时十八岁，性格很独立。而且，我非常非常爱力奇。现在回想起来，我意识到，从我们发生性关系开始，我们的关系就开始担负一种强烈的感受和一种压抑很深的罪恶感。我知道父母对于婚外性行为的看法，但是，我总以为这些不过是传统主义者们的信仰观点，与我无关，因此，可以不予考虑。

我对力奇的爱非同一般，我对这一关系非常投入。我并没有随随便便地和许多男人上床。我爱力奇，爱到不能自已。和他发生性关系似乎是表达爱情的最自然不过的方式。我用这个理由说服我自己，因为我想要如此。

力奇 当我逐渐开始认真思考并且探索新的价值观的时候，我的良心告诉我，如果我真的要改变的话，这将意味着，我们不可以在结婚以前再度发生性关系。这让我产生了一种惧怕感，我怕这样的话，我和希拉的关系会逐渐疏远。因此，我把这些想法瞒着她，能瞒多久就瞒多久。

希拉 当我在听大卫·麦克因斯（David MacInnes）演讲的时候，我感觉好像他有一些深刻的认识。这对我是一种启示。渐渐地，我开始意识到，如果我要接受改变的话，我生命中的许多方面都将发生改变，包括我和力奇之间的性关系。并没有人这么告诉我们。这一认识是逐渐产生的，最后，我们都确信，这对我们双方都将是最好的方式。那个晚上，当我们承诺要按照新的方式生活时，我们都清楚，我们必须要等到结婚以后才能再次做爱。

力奇 在接下来的几周里，我们发现，要亲密地睡在同一张床上却不做爱对我们来说太难了，因此，我就睡到了地板上。再过几个月，我们认识到，如果不睡在同一个房间的话，会更加容易一点。那个时候，我们已经感觉到，像这样的亲昵行为最好还是留到结婚以后。

这样的改变对我们来说是一个过程。由此，我们的关系注入了新的自由、一种我们以前不为所知的亲密感和对彼此更为深刻的信任感。

从停止发生性关系一直到我们结婚，在这两年半的时间里，我们学习到很多。恋爱关系中经过性爱这一关并不总是那么容易，但是我们逐渐地成长，开始认识到上帝创造性爱是为了相爱终生且完全委身的婚姻关系。

我们也懂得了什么是情欲，什么是以关爱和适当的爱抚来表达的爱意。

我们如今认识到，这是我们所要学习的一个重要功课，因为，即使是在婚姻里面，我们仍然可能在性关系上伤害对方。我们仍然可能只想满足自己的欲望，而不是去爱、去将自己给予对方。

我们在下面列举了几条实用性的建议。我们自己，还有一些努力把性爱留给婚姻的夫妇都认为它们非常行之有效：

· 双方都要辨认出哪些行为特别能够引发你们的性欲，不管是通过视觉景象、语言或是触摸。一般而言，男性会因为眼睛所见的而快速感到兴奋，而女性则会被情感上的亲密感所刺激（当我们在婚姻中刻意寻求要激发对方性欲时，很重要的一点也是需要认识到这些差异）。

- 尽量不要让自己身处一些可以一起上床而不怕被干扰或被发现的环境中。比如说，一起待在某个房子里过夜或是二人单独出去度假，这些环境所产生的诱惑力往往是很多情侣所无法抵御的。找一些朋友一起去吧。这听上去也许有点过时，但是却特别有效！

- 即便你们决定不会亲热，我们仍然强烈建议你们不要睡在同一张床上。那种程度的亲密会自然而然地引发进一步的动作。有一些置身在某些需要极度自我克制环境中的情侣，他们发现，像这样的环境会轻易引发他们对婚内性行为的罪恶感。有一对夫妇，他们在婚前经常睡在同一张床上，但是又尽其所能地克制自己不发生婚前性行为。可是，一旦结了婚，他们发现很难放下这些自我克制。

- 至于究竟在婚前可以亲近到什么程度，每一对情侣需要设定你们自己的界限。我们自己的界限包括不一起躺下来、避免身体的暴露或者部分暴露。这样的暴露肯定还是留到洞房花烛夜为好。

实行这些克制虽然非常困难，但是我们却能留住那个美妙的期待，将自己在最最完美的时刻献给对方。我们的一个朋友如此写道：

> 我曾经参加过许多婚礼。就像《四个婚礼一个葬礼》中的查尔斯一样，我发现，很少有一个礼拜六是不需要参加婚礼的。这些婚礼通常都非常温暖人心，到处是华服霓裳、柔情蜜语和美酒佳肴。然而，我永远不会忘记所参加过的第一次婚礼，我知道婚礼那一天标志着新郎新娘性关系的开始。空气中弥漫着一些与众不同的元素：一种可以感知的轻松愉快、敬畏感、脆弱感，还有珍贵和纯洁。他们一边陈述着婚礼誓言一边注视着对方。那种眼神，我将来一定会描述给我的孩子们听的。

过往的性经历

我们在前面已经讨论了禁欲的种种理由。但是，如果因为过去的性经历而导致痛苦、罪疚、嫉妒或是不饶恕的话，那么，在进入婚姻之前，这些情绪必须被对付掉。

过去的性关系不管是不是秘密都可能玷污我们的婚姻。它非但不能给我们有益的经验，而且可能会导致不信任、嫉妒以及一些有害的回忆。

我们的建议是，要将你过去的性关系告知你的未婚夫（未婚妻），并且请求他（她）的原谅。你不需要告诉他们具体细节，因为这可能会令他们感到痛苦，也可能导致进一步的伤害。当你告诉了他们以后，你们重获自由，可以喜乐地享受新的开始。

我们可能会因为害怕伤害到未婚夫（未婚妻）而不敢告诉他们。但是，在婚姻中，保有秘密是一件危险的事情。因为，当秘密一旦被突然曝光时，可能能对婚姻关系造成更大的伤害和破坏。坦白可能需要勇气，但是它能保证你们共同的未来是牢牢建立在信任、敞开和饶恕的基础之上的。

蜜月

要做好准备

我们建议，在结婚前一个月左右，你们双方都去读一本关于性爱的好书（参见书后的参考书目），好让你们对此有充分认识。一旦结了婚，你们可以一起再读一本像这样的书。这可以让你们更加开诚布公地讨论你们的性生活（和对方一起）。而且，假如你们在日后遇到任何问题的话，这也会让你们受益匪浅。每一个维持一生的关系都会在某个阶段碰到一些不顺利的事情。许多男性会在某个阶段发生一定程度的阳痿，大部分情况是因为压力造成的；而许多女性在孩子们出生以后性欲会有所减低。

如果你们有任何的焦虑或是答案无从知晓的问题，可以请教医生，他们应该能够帮助你们。或者，你们也可以和一个认识的又信得过的已婚朋友进行探讨。

要面对现实

要认识到你需要从婚礼那一天的繁重压力中恢复过来。尽量组织一次能够让你感到最为休闲的蜜月。这可能不是一个横穿南极、坐独木舟漂流亚马逊河或是攀登喜马拉雅山的最佳时机。蜜月的目的是花时间放松、适应对方、享受对方。过多劳心劳力的旅行或观光反而会适得其反。蜜月并不是一个用来规划一生的度假时机。把那个留到结婚差不多一年以后吧，那个时候可能会更有乐趣。

不要在短时间内奢求过多

蜜月只不过是发现之旅的一个起点而已。眼光要放长远。在性方面，不要期待所有的好东西一次性到来。这是一段特别需要温柔、亲切和耐心的时间。维持一种幽默感将能够帮助你放松。如果事情没有像电影所演的那样发展的话——就是瞬时的、自然而然而且有多重高潮的性爱，不要惊慌失措。我们很可能需要一些时间才能体验到双方共同的或是自发的性高潮。

不管是在亲热前还是亲热后，都不要害怕讨论哪些行为让我们觉得享受、哪些则不觉得愉悦。这将会加深你们对于如何激发对方性欲的了解。一开始，这可能会让你们觉得尴尬、不太自然，但是，如果想让我们的肉体关系有所进步的话，沟通是必不可少的。一旦开始了沟通，任何的尴尬转瞬就会消失。

谈论你们的期待

我们很可能会对彼此有一些不切实际又未加以沟通的期望。当你穿过卧室门槛的那一刻，不要觉得对做爱很有压力，而应觉得有这个自由。一定要确保你们已经一起讨论了这一时刻，这样的话，就不会带着犹豫和误会开始你们的婚姻了。一下子穿越从不到可以的界限可能会让你们觉得奇怪，并且产生不同的反应。

有一位丈夫告诉我们，他新婚才九个小时的妻子因为被婚礼搞得筋疲力尽，以致一躺到床上就呼呼大睡。当时，他还在浴室里。结果他彻夜难眠，十分失望，以为自己犯了一个可怕的错误，根本不该结婚。但是第二天，当他们一起讨论了各自不同的期望以后，情况就大为改善。他们后来有了一次美妙的蜜月。

保持幽默感

蜜月可能是无法预测的。有一对夫妻告诉我们,他们在蜜月第一天就被太阳晒伤了,而且很严重,以致他们整个星期都无法碰对方。幸好,他们看到的是这件事情有趣的一面。还有一个新婚的丈夫,他向我们描述了蜜月第一晚的事是如何没有按照他们所计划的开展的:

> 当我们最终到达酒店的时候,已经是晚上十一点了。酒店不如宣传册上看上去的那么大,我感到心里一沉,因为我对婚礼安排的唯一贡献就是挑选酒店。这一天过得很好,我的妻子看上去容光焕发。我多么希望新婚之夜能够让人难以忘怀。我们找到了我们的房间,很漂亮。当简看到冷藏过的酒瓶和放在床上的玫瑰时,她甜美地笑了。我开始放松下来,一切都将妙不可言。

> 但是就在万事俱备之际,我发现里面并不是一张双人床,而是两张单人床,这让我惊诧不已。我立刻找到了经理。"这是我们的蜜月,而这就是你们的蜜月套房吗?"我说。

> 经理满怀歉意地解释道,由于疏忽,另一对夫妻正在使用蜜月套房,而且已经安顿妥当了。

> "但是这里面是两张单人床啊。"我恳求道。在那个时刻,我本可以大大争辩一番,主张我的权利。但是,当经理提出一个解决方案的时候,我同意了,因为他说以前也曾经这样做过。

> "我让人给你们送一些绳子来,"他说:"你们可以把两张床绑到一起。"

> "请快一点送来!"我大声说。

就这样，在那个晚上，我等了二十八年之久、梦想了许久的那个晚上，当我正在全力以赴的时候，两张床突然分开了，我们摔到了地上。我看着天花板，心里想到一死了之。但就在那时，简趴到我身上，在我耳边低声说："亲爱的……我感到天旋地转。"[1]

1　保罗·弗兰西斯（Paul Francis），《青少年：父母一小时幸存指南》（*The Parents' One Hour Survival Guide*），（马歇尔·皮克林出版社，1998），第88-89页。

附录3　作预算
Working out a budget

　　根据婚姻辅导服务机构所作的一项调查，大多数关于钱财的争吵归根结底是先在哪方面花钱的问题。如果在你们的婚姻中，如何花钱是一个问题。那么，制订一个双方一致同意的钱财使用计划是很有帮助的。这可以帮助你们夫妻在家庭生活中更好地使用钱财。夫妻一起作预算会有很多好处，尽管预算也不是万能的。第一个好处就是我们双方都能更加清楚家中真实的财务状况。第二是我们不得不去讨论如何使用钱财的问题。第三是当我们给每一项开支项目分配了一定额度的钱以后，我们就可以在一个固定限度内自由地选择要买的东西。

　　正如所有其他方面的冲突一样，钱财可以成为一个阻隔在我们中间、影响我们整个关系的问题。但是，我们也可以选择一起着手进行解决，并且在解决的过程中，我们变得更加亲密。

　　作预算能够消除我们因为感觉失控而产生的惧怕感、花钱没有节制而产生的负疚感，以及因为出现亏空、互相责怪而导致的冲突。我们认识一些夫妻，他们通过坦诚地讨论财务状况并作出相应决定，使婚姻被全然改变，从前是唇枪舌剑，后来则是和谐美满。

　　如果钱财是你们冲突的根源，我们推荐以下三个步骤。这些步骤听上去都很浅显直白，但是，奇怪的是，很少有人会真正坐下来，好好谈谈这些问题。

了解你们真实的财务状况

算出你们所有的或所欠的

找一个你们都不觉得太过疲倦，也不太会被打扰的时间。然后，把所有的银行对账单、未付票据、储蓄账户、信用卡对账单等都收集起来。如果我们已经超支、陷入债务的话，就要彼此坦白相告。这虽然并非易事，但一定是值得的，因为，对于钱财的焦虑很容易会变成一个不为人知的秘密。但是一旦我们让惧怕曝光，它们就不会对我们有多大控制力了。

要对彼此温柔——我们没有一个人是完全正确的。如果我们发现自己陷入债务的话，就要讨论如何从债务中解脱出来。不要害怕求助于有经验的人，也不要感到尴尬。这个问题越早面对，就越容易解决。

计算你们的收入

为了计划我们的开支，就需要知道进来和出去的钱的数量。比较简单的方法是计算出我们共同的收入。我们需要把所有扣除所得税和国民保险以后的收入来源和数量都写下来。这样，就可以作为平均每月的收入。把这些数字都输入到《每月预算计划》里，本附录最后附有预算样本。

制定你们开支的项目

很多夫妻都发现他们在财务上捉襟见肘，可是又不清楚他们的钱到底去了哪里。因此，他们可能会错怪那些使他们陷入债务的东西。为了能够形成一幅精确的开支图，我们可能需要把一两个月内所花的每一笔钱都记下来。这些信息，再加上银行对账单和信用卡对账单，应该能够让我们计算出平均一个月的开支额度（至于那些不是每个月都会发生的支出，比如汽车开销、家庭保险或是旅游，可以计算出一个年度数字，再除以12）。

把这些信息记录到你们的预算计划里。你们可以根据需要列出别的任何项目。先从那些固定支出项目开始，比如房屋贷款、房租、煤气和用电量、保险以及旅行开支。接着，可以记录下那些比较灵活机动的项目，比如食物、家务支出、衣物、礼物、待客和运动等。

接下来，我们需要把开销从收入中减去（如果这一结果与银行记录不符，那么，要么是银行错了，要么是我们漏了什么！）当然，我们可能会发现结果是一个负数，这意味着我们花的比挣的还多，必须采取紧急行动了。

讨论将来

第二个步骤是计划钱财的使用。我们可以为每一个开支项目分配好一定的额度。这样做的目的是设定一个不超过收入范围的预算。这一预算反映出我们双方一致同意的优先开支项目，并且对意外情况也是留有余地的。

丈夫和妻子可能都需要做出牺牲。但是，许多夫妻发现，讨论将来比解释过去要更容易一些。如果你们无法达成一致的话，可以中断讨论，给双方留出时间去考虑对方的观点。然后，再找一个你们最为通情达理的时机再度进行讨论。

达成一致的一大好处就是，我们可以在双方一致同意的限度内花钱，而不必抱有罪恶感，也不必向对方躲躲藏藏。

决定如何进行掌控

指定一名财务总监

制定预算是一回事，但是，坚持这一预算则又是另外一回事了。因此，我们需要决定二人中谁更适合追踪财务状况、支付票据、发起定期复查这一角色，这是很有益处的。

留心信用卡

对很多人而言，要控制花销最难的一点就是信用卡了。它有两个危险。第一个是我们不会感觉是在花钱。另一个是我们无法自动了解预算中还有多少余额。因此，有些夫妻索性切碎了他们的信用卡，转回使用现金。虽然不如信用卡方便，却让他们能够控制开销，而且也免去了婚姻中的许多冲突。

无罪恶感花钱的十条建议

这里是一套比较简单的方法，我们大概用了十年时间才研究出来。

1. 拿一张白纸。把这个月你们拨给必需品（食物、医药等）的钱数总额记下来。

2. 每一次当你把钱花在必需品上时，就做一次记录，从总数上扣除这笔钱。你们双方都必须坦诚交代。

3. 每一次从自动取款机上取的钱很可能也用在了必需品上，因此也要把这些数目从总数中扣除。自动取款机上取的钱很容易会被忘记，特别是如果你想忘记的话。

4. 到了周末，看看情况如何。下周是要再削减预算呢还是可以稍微放宽一下？要对自己诚实。如果必要的话，就把牛排放回货架上去吧。

5. 每周都使用一页新纸，把新的总额记录下来。任何花在必需品上的钱都要从这个总额中扣除。

6. 到了当月的最后一周，对自己撒谎、让步或者吃几天方便面都是很常见的现象。当然啦，吃方便面可能对瘦身也有好处。

7. 像买新衣服和社交这样的其他开支，可以归类（可悲地）到非必需品这一类里。

8. 注意：对于非必需品，我们不一定非买不可。因为即使没有外卖的咖喱、足球赛或新靴子，我们也能活下去（虽然有点痛苦）。有时候，我们可能需要说"不"，但是，最好是对自己，而不是对对方说这个词。

9. 对于非必需品可以使用和必需品同样的方法。在非必需品这一类里，试图对自己撒谎、遗忘或忽略的欲望可能会更为强烈一点。

10. 如果现金足够的话，那么像购物、烛光晚餐、周末去某个绿色农场或去看场比赛等活动，都可以充分享受一下。必须承认，这一方法的执行与家里的财政状况有关。在我们婚姻的某些阶段，钱财比较紧张，以致我们不得不严格地按照这一方法执行。在另一些时段，手头比较宽裕，我们就会对跟踪各项开支比较松懈。但是，过不了多久我们就必须再度检查财务状况，并且利用这套方法使我们的开销回归正常。

有些夫妻之所以无法做到收支相抵，问题在于他们没有足够的收入来维持开销。但更常见的原因往往是开销过大。罗布·帕森斯这样描述他自小所受的教育：

> 我的父亲是一名邮差，母亲是一名清洁工。我们住在租来的房子里，倒不是说贫穷，但至少生活很简朴。像诸如卧室取暖、全铺的地毯以及卫生纸（不要问了！）之类的都是属于另一个世界的东西。一直到我十六岁，我都没有在饭店里吃过饭。但是，在那个家里，我拥有所需要的一切，包括父亲所给的智慧建议。我的父亲常常会把我叫到一边，给我背诵狄更斯所写的《大卫·科波菲尔》一书中米考伯先生的一番话：如果年收入是二十先令，而年支出只有十九先令六个便士，那结果就是开心；如果年收入是二十先令，但年支出是二十先令六个便士，那么结果就是不幸。这一原则中所蕴涵的信念让我的父亲从未陷入债务。你可能会认为他为此所付的代价大到令人难以接受，因为他从未享受过一次离家在外的假日，也从未拥有过属于自己的银行账户，而且他也从未尝过意大利面是什么味道。但是，我所认识的人中，从未有一个像他这么知足的。[1]

1　罗布·帕森斯（Rob Parsons），《突破重重困难的爱》（Loving Against the Odds），（霍德和斯托顿出版社，1994），第190页。

每月预算计划

平均每月收入（算出一个年度数字）

共同的薪水 ¥_____

其他收入来源 ¥_____

总额(1) ¥ ÷ 12 = ¥_____

（每月）

固定的经常性支出（计算出一个年度数字） 实际 预算

房租/抵押贷款 ¥_____ ¥_____

家庭税 ¥_____ ¥_____

公共服务设施（煤气、电量和水） ¥_____ ¥_____

保险 ¥_____ ¥_____

还贷款 ¥_____ ¥_____

旅游（季票） ¥_____ ¥_____

汽车费用——税费、保险 ¥_____ ¥_____

慈善奉献 ¥_____ ¥_____

其他 ¥_____ ¥_____

总额 (2) ¥_____ ÷ 12 = ¥_____ ¥_____

（每月） （每月）

灵活的"必需品"开销（估计一个年度数字）

家庭支出（食物、医药等） ¥_____ ¥_____

衣物/鞋子 ¥_____ ¥_____

汽车的日常费用 ¥_____ ¥_____

电话 ¥_____ ¥_____

其他 ¥_____ ¥_____

总额 (3) ¥_____ ÷ 12 = ¥_____ ¥_____

（每月） （每月）

灵活的"非必需品"开销（估计一个年度数字）

娱乐/待客 ¥_____ ¥_____

礼物 ¥_____ ¥_____

运动/休闲 ¥_____ ¥_____

度假 ¥_____ ¥_____

约会 ¥_____ ¥_____

其他 ¥_____ ¥_____

总额 (4) ¥_____ ÷ 12 = ¥_____ ¥_____

（每月） （每月）

每月用于储蓄或紧急情况的数目

总额 (5) ¥_____ ¥_____

加在一起的每月总开销 (2, 3, 4, 5) ¥_____ ¥_____

与每月总收入进行比较 (1) ¥_____ ¥_____

附录4　参考书目
Bibliography

1.一般性婚姻问题

麦克·梅森（Mike Mason），《婚姻的奥秘》（*The Mystery of Marriage*），（三角出版社，1997）。

罗布·帕森斯（Rob Parsons），《六十分钟婚姻》（*The Sixty Minute Marriage*），（霍德和斯托顿出版社，1997）。

盖瑞·查普曼（Gary Chapman），《爱的五种语言》（*The Five Love Languages*），（诺斯菲尔德出版社，1995）。

比尔和琳恩·海波斯（Bill and Lynne Hybels），《长久持续的爱情》（*Love That Lasts*），（马歇尔·皮克林出版社，1995）。

罗布·帕森斯（Rob Parsons），《突破重重困难的爱》（*Loving Against the Odds*），（霍德和斯托顿出版社，1994）。

2.建立性爱的关系

道格拉斯·罗斯诺医生（Dr Douglas E. Rosenau），《性爱的颂赞》（*A Celebration of Sex*），（托马斯·尼尔森出版社，2002）。

理查德和罗琳·迈尔（Richard and Lorraine Meier），弗兰克·米诺斯（Frank Minirth）和保罗·迈尔（Paul Meier），《基督徒婚姻中的性》（*Sex in the Christian Marriage*），（弗莱明·H.雷维尔公司/贝克书屋，1997）。

3. 医治童年期痛苦造成的影响

盖瑞·查普曼，《愤怒——爱的另一面》（*The Other Side of Love-Handling Anger in a Godly Way*），（慕迪出版社，1999）。

玛丽·毕洁丝（Mary Pytches），《昨日的孩子》（*Yesterday's Child*），（霍德和斯托顿出版社，1990）。

大卫·弗格森博士（Dr David Ferguson）和唐·麦克敏（Dr Don McMinn），《亲密感的十大需要》（*Top 10 Intimacy Needs*），（Intimacy出版社，1994）。

4. 面对财务问题

凯斯·唐迪尔（Keith Tondeur）和赖瑞·波科特（Larry Burket），《无债务生活》（*Debt-Free Living*），（蒙纳克出版社，1997）。

凯斯·唐迪尔（Keith Tondeur），《家庭财务诀窍》（*Financial Tips for the Family*），（霍德和斯托顿出版社，1997）。

罗恩和茉迪·布鲁（Ron and Judy Blue），《金钱万能，我们也能》（*Money Talks and So Can We*），（桑德凡出版社，1999）。

5. 面对饮食失调

海伦·威尔克森（Helen Wilkinson），《超越混乱饮食》（*Beyond Chaotic Eating*），（桑德凡出版社，1993）。

乔·因德（Jo Ind），《肥胖是个属灵问题》（*Fat is a Spiritual Issue*），（莫比出版社，1993）。

6. 重建婚姻

盖瑞·查普曼，《回到起初的爱》（*Hope for the Separated*），（慕迪出版社，1996）。

詹姆斯·杜布森（James Dobson），《爱必须自尊》（*Love Must Be Tough*），（金斯威出版社，1984）。